Maîtrisez le Trading Basé sur l'Action des Prix

Le Guide Complet pour Réussir sur les Marchés Financiers

Préambule : Introduction aux Risques du Trading:	5
	5
Chapitre 1 : Fondements du Trading Basé sur l'Action des Prix	**6**
• 1 Qu'est-ce que le Trading Basé sur l'Action des Prix ?	6
1.2 Historique et Évolution du Trading Basé sur l'Action des Prix	7
1.3 Avantages et Limitations du Trading Basé sur l'Action des Prix	9
Chapitre 2 : Analyse des Graphiques de Prix	**11**
2.1 Utilisation des Chandeliers Japonais dans l'Analyse Technique	11
2.2 Identification des Schémas de Chandeliers pour le Trading	13
2.3 Utilisation des Lignes de Tendance dans l'Analyse des Graphiques	16
2.4 Recherche de Niveaux de Support et de Résistance	18
Chapitre 3 : Identification des Tendances	**20**
3.1 Utilisation des Moyennes Mobiles pour Identifier les Tendances	20
3.2 Reconnaissance des Tendances avec l'Analyse des Plus Hauts et des Plus Bas	23
3.3 Confirmation des Tendances à l'aide d'Indicateurs Complémentaires	26
Chapitre 4 : Stratégies de Trading Basées sur l'Action des Prix	**28**
4.1 Stratégies de Retournement de Tendance	28
4.2 Stratégies de Continuation de Tendance	30
4.3 Trading basé sur les Retracements de Fibonacci	33
4.4 Gestion des Entrées et des Sorties de Position	35
Chapitre 5 : Gestion des Risques et de l'Argent	**38**
5.1 Importance de la Gestion des Risques dans le Trading	38
5.2 Détermination de la Taille de Position Appropriée	39
5.3 Utilisation d'Ordres Stop-loss et Take-profit	42
5.4 Techniques pour Réduire les Pertes et Maximiser les Profits	45
Chapitre 6 : Psychologie du Trading	**48**
6.1 Contrôle Émotionnel et Discipline dans le Trading	49
6.2 : Gestion du Stress et de l'Anxiété liés au Trading	56
Chapitre 7 : Études de Cas et Exemples Pratiques	**57**
7.1 Analyses de Trades Réels avec des Entrées et Sorties Expliquées	57
• 7.2 Réflexions sur les Décisions Prises et les Résultats Obtenu	60
Chapitre 8 : Techniques Avancées de Trading Basées sur l'Action des Prix	**62**
8.1 Utilisation de la Corrélation entre les Marchés pour Renforcer les Signaux de Trading	
8.2 Trading à Court Terme vs Trading à Long Terme : Comparaison des Stratégies	64
Chapitre 9 : Automatisation du Trading Basé sur l'Action des Prix	**67**
9.1 Introduction aux Systèmes de Trading Automatisés	67
9.2 Développement de Stratégies de Trading Algorithmiques	69
9.3 Backtesting et Optimisation des Stratégies Automatisées	71
9.4 Mise en Œuvre et Surveillance de Systèmes de Trading Automatisés	73
Chapitre 10 : Évolution et Adaptation dans un Environnement de Marché Changeant	**76**
10.1 Importance de l'Adaptabilité dans le Trading	76
10.2 Révision et Ajustement Continus des Stratégies de Trading	77
10.3 Stratégies pour Faire Face aux Événements Inattendus sur les Marchés	79
10.4 Planification à Long Terme pour la Durabilité du Trading	81

Chapitre 11 : Éducation Continue et Ressources pour les Traders   **84**
    11.1 Importance de l'Apprentissage Continu dans le Trading   84
    11.2 Sources d'Information et de Formation pour les Traders   85
    11.3 Communautés de Trading et Réseaux de Support pour les Traders   86
    11.4 Investissement dans des Programmes de Développement Professionnel   87
Conclusion   **89**
    Glossaire   90
    Notes personnelles :   93

Préambule : Introduction aux Risques du Trading:

Avant de plonger dans le monde du trading, il est essentiel de comprendre les risques inhérents à cette activité. Le trading sur les marchés financiers offre des opportunités de profit, mais il comporte également des risques de pertes importantes. Il est important pour tout trader, qu'il soit novice ou expérimenté, de reconnaître et de gérer ces risques de manière proactive.

L'un des principaux risques du trading est la volatilité des marchés, qui peut entraîner des mouvements de prix soudains et imprévisibles. Ces fluctuations peuvent causer des pertes importantes si les positions ne sont pas gérées correctement. De plus, les marchés financiers peuvent être influencés par des événements économiques, politiques et géopolitiques, ce qui peut accroître la volatilité et rendre le trading plus risqué.

Un autre risque important est le risque de marché, qui fait référence à la possibilité que les prix des actifs évoluent défavorablement en raison de facteurs externes indépendants du contrôle du trader. Les fluctuations des taux de change, des taux d'intérêt et des prix des matières premières peuvent tous affecter les performances des positions de trading.

En outre, le trading comporte des risques spécifiques liés à l'utilisation de l'effet de levier, qui permet aux traders de contrôler des positions plus importantes avec un capital initial plus faible. Bien que l'effet de levier puisse augmenter les profits potentiels, il amplifie également les pertes potentielles, ce qui rend la gestion du risque d'autant plus cruciale.

Enfin, il est important de reconnaître le risque de perte totale de capital. Même avec une gestion de risque prudente et une analyse approfondie, il existe toujours la possibilité de subir des pertes importantes, notamment en raison de mouvements de marché inattendus ou de comportements irrationnels du marché.

En conclusion, le trading comporte des risques importants qui doivent être pris en compte par tout trader. Il est essentiel de comprendre ces risques et d'adopter des stratégies de gestion des risques appropriées pour protéger son capital et maximiser ses chances de succès sur les marchés financiers.

Chapitre 1 : Fondements du Trading Basé sur l'Action des Prix

- 1 Qu'est-ce que le Trading Basé sur l'Action des Prix ?

Le trading basé sur l'action des prix est une méthode de trading qui se concentre sur l'analyse directe des mouvements des prix sur les graphiques de trading pour prendre des décisions d'achat ou de vente. Contrairement à d'autres approches qui utilisent une multitude d'indicateurs techniques complexes, le trading basé sur l'action des prix cherche à comprendre la dynamique du marché en observant les schémas de prix et en interprétant les mouvements du marché sans dépendre d'indicateurs externes.

Cette méthode repose sur l'idée que toute l'information nécessaire pour prendre des décisions de trading est déjà reflétée dans les mouvements des prix eux-mêmes. En d'autres termes, les prix évoluent de manière prévisible dans des modèles récurrents et les traders peuvent utiliser ces modèles pour anticiper les mouvements futurs du marché.

L'analyse des graphiques de prix est au cœur du trading basé sur l'action des prix. Les traders étudient les chandeliers japonais, les lignes de tendance, les niveaux de support et de résistance, ainsi que d'autres éléments graphiques pour identifier les schémas et les tendances du marché. Par exemple, un retournement de tendance baissière peut être signalé par une série de chandeliers baissiers suivie d'un chandelier haussier inversé, appelé étoile du matin, au niveau d'un support clé.

Une fois qu'un trader a identifié un schéma ou une tendance sur le graphique, il peut prendre des décisions de trading en conséquence. Par exemple, s'il identifie une tendance haussière avec une série de plus hauts et de plus bas plus élevés, il peut chercher à acheter lorsque le prix rebondit sur un niveau de support clé. De même, s'il identifie une tendance baissière avec une série de plus bas et de plus hauts plus bas, il peut chercher à vendre lorsque le prix atteint un niveau de résistance clé.

Le trading basé sur l'action des prix offre plusieurs avantages par rapport à d'autres approches de trading. Tout d'abord, il simplifie le processus d'analyse en se concentrant sur une seule source d'information, à savoir les mouvements des prix. Cela permet aux traders de réduire la confusion et de prendre des décisions plus claires et plus rapides. De plus, cette approche est souvent considérée comme plus objective car elle se base sur des données de marché réelles plutôt que sur des interprétations subjectives d'indicateurs techniques.

En outre, le trading basé sur l'action des prix peut être appliqué à n'importe quel marché financier, des actions et des devises aux matières premières et aux crypto-monnaies. Cela en fait une méthode polyvalente pouvant être adaptée à différents styles de trading et à différents horizons temporels.

Cependant, malgré ses nombreux avantages, le trading basé sur l'action des prix n'est pas sans ses limitations. Tout d'abord, il nécessite une solide compréhension de l'analyse technique et une pratique régulière pour développer les compétences nécessaires à son application efficace. De plus, certains traders peuvent trouver difficile de s'en tenir à une approche aussi simpliste, surtout s'ils sont habitués à utiliser une variété d'indicateurs techniques dans leur analyse.

Enfin, comme toute stratégie de trading, le trading basé sur l'action des prix comporte des risques, et il est essentiel pour les traders de mettre en place des techniques de gestion des risques appropriées pour protéger leur capital.

En résumé, le trading basé sur l'action des prix est une méthode de trading qui se concentre sur l'analyse directe des mouvements des prix sur les graphiques de trading pour identifier des opportunités de trading potentielles. Cette approche repose sur une compréhension profonde de la psychologie du marché et des schémas de prix, et elle peut être appliquée avec succès à différents marchés financiers avec la pratique et l'expérience appropriées.

1.2 Historique et Évolution du Trading Basé sur l'Action des Prix

Le trading basé sur l'action des prix a une histoire riche et complexe qui trouve ses racines dans les premières formes de commerce et de spéculation. Si nous remontons dans le temps, nous pouvons voir comment cette méthode de trading a évolué et s'est adaptée aux changements économiques, technologiques et sociaux à travers les âges.

Origines Anciennes

Les origines du trading basé sur l'action des prix peuvent être retracées à l'émergence des marchés de matières premières et des foires commerciales dans les sociétés anciennes. Dans ces environnements, les marchands négociaient des biens tels que le grain, le bétail et les textiles en fonction de l'offre et de la demande, et les prix étaient souvent déterminés par des enchères publiques ou des négociations directes.

Ces premiers marchés étaient animés par les fluctuations des prix, et les marchands développaient des compétences pour interpréter les mouvements des prix et identifier les opportunités de profit. Cette observation directe des prix et des tendances du marché constituait le fondement du trading basé sur l'action des prix, même à une époque où les outils d'analyse techniques modernes n'existaient pas.

Évolution au Fil du Temps

Au cours des siècles, le trading basé sur l'action des prix (TBSAP) a continué à évoluer avec l'avènement du capitalisme, des bourses de valeurs et des instruments financiers plus sophistiqués. À mesure que les marchés financiers se développaient, les marchands et les investisseurs ont développé de nouvelles techniques d'analyse pour évaluer les prix des actions, des obligations et d'autres actifs financiers.

Une étape clé dans l'évolution du trading basé sur l'action des prix (TBSAP) a été l'introduction des graphiques en chandeliers japonais dans le monde occidental. Ces graphiques, originaires du Japon au 18ème siècle, ont été popularisés dans les années 1980 par le trader américain Steve Nison.

Les chandeliers japonais offraient une représentation visuelle des mouvements des prix, mettant en évidence les niveaux d'ouverture, de clôture, de plus haut et de plus bas pour chaque période de temps. Cette approche a permis aux traders d'identifier plus facilement les schémas et les tendances sur les graphiques, jetant les bases de l'analyse technique moderne.

Popularité Contemporaine

Aujourd'hui, le TBSAP est largement pratiqué par des traders du monde entier et est devenu une approche dominante dans le domaine du trading. Les avancées technologiques ont facilité l'accès aux données de marché en temps réel, permettant aux traders d'analyser les mouvements des prix avec une précision et une efficacité accrues.

De plus, l'évolution des plateformes de trading a permis aux traders d'appliquer des stratégies basées sur l'action des prix à une variété de marchés financiers, y compris les actions, les devises, les contrats à terme et les crypto-monnaies. Cette polyvalence a contribué à la popularité croissante du TBSAP a parmi les traders de tous niveaux d'expérience.

En conclusion, le TBSAP a une histoire longue et fascinante qui témoigne de l'ingéniosité humaine et de l'adaptabilité dans le domaine du commerce et de l'investissement.

De ses modestes débuts sur les marchés de matières premières anciens à sa domination actuelle dans le monde des marchés financiers modernes, le trading basé sur l'action des prix a traversé les époques pour devenir une méthode de trading puissante et largement utilisée.

1.3 Avantages et Limitations du Trading Basé sur l'Action des Prix

Le trading basé sur l'action des prix offre plusieurs avantages significatifs, mais il comporte également certaines limitations qu'il est important de prendre en compte.

Avantages

Simplicité : Une des principales forces du TBASP réside dans sa simplicité. En se concentrant uniquement sur les mouvements des prix et les schémas de graphiques, les traders peuvent éviter la complexité souvent associée à l'utilisation d'indicateurs techniques multiples. Cela permet une analyse plus claire et plus directe du marché.

Objectivité : En se basant sur les données brutes des prix, le TBSAP est souvent considéré comme plus objectif que d'autres approches qui reposent sur des interprétations subjectives d'indicateurs techniques. Les traders prennent leurs décisions en fonction de ce qu'ils voient sur le graphique, plutôt que sur des opinions ou des prédictions externes.

Adaptabilité : Cette approche peut être appliquée à une variété de marchés financiers et à différents horizons temporels. Que vous tradiez des actions, des devises, des contrats à terme ou des crypto-monnaies, les principes du trading basé sur l'action des prix restent les mêmes. De plus, il peut être utilisé par des traders à court terme ou à long terme.

Réactivité aux Changements du Marché : Étant donné que le trading basé sur l'action des prix se concentre sur les mouvements récents des prix, il permet aux traders de réagir rapidement aux changements du marché. Cela peut être particulièrement utile dans les environnements de marché volatils ou en évolution rapide.

Limitations

Nécessite une Formation et une Pratique : Bien que le concept du trading basé sur l'action des prix soit simple, sa mise en pratique nécessite une compréhension approfondie de l'analyse technique et une pratique régulière pour développer les compétences nécessaires. Les traders doivent être capables de reconnaître les schémas de prix et de les interpréter correctement pour prendre des décisions de trading efficaces.

Sujette aux Faux Signaux : Comme toute méthode d'analyse, le TBSAP n'est pas infaillible et peut parfois générer de faux signaux. Les mouvements de prix peuvent être influencés par de nombreux facteurs, y compris les nouvelles économiques, les événements géopolitiques et les fluctuations des marchés mondiaux, ce qui peut rendre difficile la prise de décisions de trading précises.

Pas Adapté à Tous les Traders : Certaines personnes peuvent trouver difficile de se conformer à une approche aussi simpliste du trading, surtout si elles sont habituées à utiliser une variété d'indicateurs techniques dans leur analyse. Chaque trader a un style et une personnalité différents, et ce qui fonctionne pour l'un peut ne pas fonctionner pour l'autre.

Cette approche offre de nombreux avantages, notamment sa simplicité, son objectivité et son adaptabilité à différents marchés et horizons temporels. Cependant, il est important de reconnaître ses limitations et de comprendre que cette approche nécessite une formation et une pratique continues pour être utilisée de manière efficace.

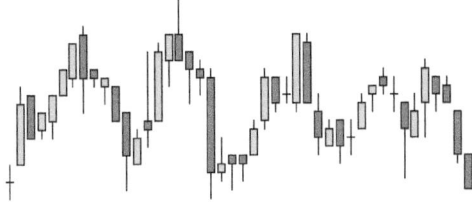

Chapitre 2 : Analyse des Graphiques de Prix

2.1 Utilisation des Chandeliers Japonais dans l'Analyse Technique

Les chandeliers japonais sont des outils essentiels dans l'arsenal de tout trader basé sur l'action des prix. Leur utilisation dans l'analyse technique offre des perspectives uniques sur le comportement du marché et permet aux traders de prendre des décisions éclairées. En tant que spécialiste boursier avec plus de 20 ans d'expérience, j'ai constaté l'efficacité remarquable des chandeliers japonais dans la prédiction des mouvements de prix.

Origine et Signification des Chandeliers Japonais

Les chandeliers japonais trouvent leurs origines dans le Japon du 18ème siècle, où ils étaient utilisés pour suivre les mouvements des prix du riz. Chaque chandelier représente l'action des prix sur une période donnée, que ce soit une minute, une heure, une journée ou toute autre unité de temps.

Chaque chandelier comporte une "mèche" supérieure et inférieure, représentant respectivement les plus hauts et les plus bas de la période, ainsi qu'un "corps" qui indique la différence entre le prix d'ouverture et de clôture. La couleur du corps (généralement rouge pour une clôture inférieure à l'ouverture et verte pour une clôture supérieure) fournit une indication visuelle rapide de la direction du mouvement des prix.

Interprétation des Schémas de Chandeliers

Les chandeliers japonais offrent une variété de schémas et de configurations qui fournissent des informations précieuses sur la psychologie du marché. Par exemple, un "marteau" est un chandelier avec une petite mèche inférieure et un corps situé près des plus hauts, indiquant un rejet des niveaux de prix plus bas et un potentiel de retournement haussier.

D'autres schémas, tels que les étoiles du soir ou les étoiles du matin, offrent des indications sur les retournements de tendance potentiels. Par exemple, une étoile du soir se compose d'un grand chandelier haussier, suivi d'un petit chandelier baissier qui ouvre au-dessus de la clôture du chandelier précédent, et se clôture en dessous de la moitié du corps du chandelier précédent, indiquant une possible inversion de la tendance à la baisse.

Intégration des Chandeliers Japonais dans la Stratégie de Trading

En tant que trader expérimenté, j'ai trouvé que l'utilisation judicieuse des chandeliers japonais peut renforcer considérablement ma stratégie de trading. En combinant l'analyse des chandeliers avec d'autres outils d'analyse technique, tels que les lignes de tendance et les niveaux de support et de résistance, je peux identifier des points d'entrée et de sortie opportuns pour mes transactions.

Par exemple, si je repère un marteau au niveau d'un support clé sur un graphique journalier, cela pourrait être un signal pour initier une position longue, avec un stop-loss placé juste en dessous du plus bas du marteau pour limiter les pertes. De même, si je remarque une étoile du soir au sommet d'une tendance haussière, cela pourrait être un signal pour vendre, avec un stop-loss placé au-dessus du plus haut de l'étoile du soir pour protéger les bénéfices potentiels.

L'utilisation des chandeliers japonais dans l'analyse technique est une compétence essentielle pour tout trader basé sur l'action des prix. Leur capacité à fournir des indications sur la direction future des prix et les points d'entrée et de sortie potentiels en fait un outil précieux dans la boîte à outils de tout trader expérimenté.

2.2 Identification des Schémas de Chandeliers pour le Trading

L'art de l'analyse technique repose en grande partie sur la capacité à interpréter les schémas de chandeliers japonais. Ces configurations sur les graphiques de prix offrent des indications cruciales sur la psychologie du marché, et leur identification précise peut être la clé du succès pour tout trader. En tant que vétéran du trading, j'ai observé de près l'importance de cette compétence, et je vais partager avec vous des perspectives approfondies sur son utilisation pratique.

Compréhension Approfondie des Schémas de Chandeliers

Pour naviguer avec succès dans le monde des chandeliers japonais, il est essentiel de comprendre la signification de chaque schéma. Chaque chandelier raconte une histoire, et en décodant ces histoires, nous pouvons anticiper les mouvements futurs des prix.

- Introduction aux Schémas de Chandeliers : Les chandeliers japonais sont bien plus que de simples figures sur un graphique. Ils représentent des batailles entre acheteurs et vendeurs, des moments d'incertitude et des signes de force ou de faiblesse du marché.

- Typologie des Chandeliers : Explorez une variété de schémas de chandeliers, des classiques comme le "doji" aux plus complexes comme le "harami" ou le "piercing line". Chaque schéma a sa propre signification et peut fournir des indices précieux sur les mouvements à venir.

Application Pratique des Schémas de Chandeliers

La théorie seule ne suffit pas dans le monde du trading. Il est crucial de savoir comment appliquer ces connaissances sur les marchés réels.

- Interprétation des Schémas : Examinez en détail comment interpréter correctement les schémas de chandeliers. Par exemple, un "hammer" après une baisse prolongée peut indiquer un épuisement de la tendance baissière et un potentiel renversement à la hausse.
- Identification sur les Graphiques : Nous examinerons ensemble des exemples réels, en analysant les graphiques de prix pour repérer les schémas de chandeliers et comprendre leur impact sur les décisions de trading.

Intégration dans une Stratégie de Trading Holistique

L'utilisation des schémas de chandeliers ne se limite pas à une analyse isolée. Elle doit être intégrée dans une stratégie de trading complète.

- Confirmation avec d'autres Indicateurs : Les schémas de chandeliers peuvent être puissamment confirmés par d'autres indicateurs techniques. Nous verrons comment combiner les signaux des chandeliers avec d'autres outils d'analyse technique pour renforcer nos convictions.
- Gestion des Risques : Une gestion prudente des risques est essentielle. Nous aborderons les meilleures pratiques pour placer des ordres stop-loss et prendre des bénéfices, en utilisant les schémas de chandeliers comme guide pour limiter les pertes et maximiser les gains.

Exemples et Anecdotes

Laissez-moi vous raconter l'histoire d'une journée mémorable sur les marchés où l'identification d'un "bullish engulfing pattern" a été le point tournant pour une série de transactions fructueuses. Ce jour-là, les acheteurs ont submergé les vendeurs, indiquant un fort potentiel de renversement haussier. Cette anecdote souligne l'importance de rester vigilant et réactif aux opportunités que présentent les schémas de chandeliers.

En somme, l'identification des schémas de chandeliers est bien plus qu'une simple compétence technique. C'est une véritable forme d'art qui nécessite à la fois une compréhension théorique approfondie et une expérience pratique sur les marchés réels.

MARUBOZU

HARAMI

HAMMER

2.3 Utilisation des Lignes de Tendance dans l'Analyse des Graphiques

Dans le domaine du trading, les lignes de tendance sont des outils essentiels pour analyser les mouvements des prix et identifier les tendances du marché. En tant que spécialiste en bourse et investissement, je vais approfondir davantage l'utilisation pratique des lignes de tendance dans l'analyse des graphiques.

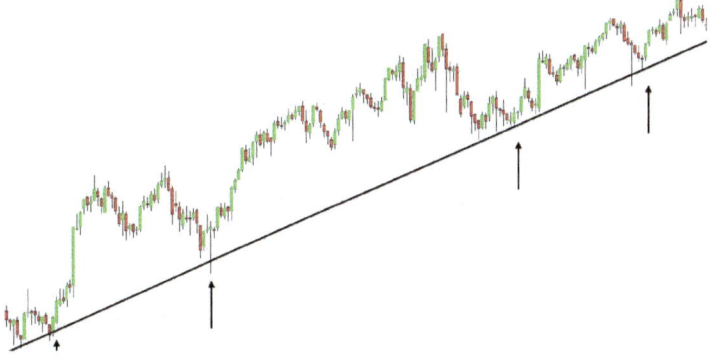

Comprendre les Lignes de Tendance

- Définition et Fondamentaux :

Les lignes de tendance sont des lignes droites qui relient deux points significatifs sur un graphique, soit des plus hauts (dans une tendance baissière), soit des plus bas (dans une tendance haussière). Elles fournissent une indication visuelle de la direction générale du marché.

- Types de Lignes de Tendance :

Nous pouvons distinguer plusieurs types de lignes de tendance en fonction de la direction de la tendance qu'elles représentent. Les lignes de tendance haussières sont tracées en reliant deux creux successifs, indiquant une tendance à la hausse. Les lignes de tendance baissières, quant à elles, sont tracées en reliant deux sommets successifs, indiquant une tendance à la baisse.

Application Pratique des Lignes de Tendance

- Identification et Traçage :

Pour tracer une ligne de tendance efficace, il est crucial de choisir des points de connexion pertinents. Idéalement, ces points devraient être clairement visibles et alignés avec la tendance générale du marché. Plus il y a de points de contact avec la ligne de tendance, plus elle est considérée comme valide.

- Interprétation des Cassures :

    Les cassures des lignes de tendance sont des événements significatifs qui peuvent indiquer un changement potentiel dans la dynamique du marché. Une cassure au-dessus d'une ligne de tendance baissière ou en dessous d'une ligne de tendance haussière peut signaler un retournement de tendance ou une accélération de la tendance existante.

Intégration dans une Stratégie de Trading

- Confirmation avec d'autres Indicateurs :

    Les lignes de tendance peuvent être confirmées par d'autres indicateurs techniques tels que les moyennes mobiles ou les oscillateurs. Par exemple, une cassure de ligne de tendance baissière accompagnée d'une divergence haussière sur un oscillateur pourrait renforcer le signal de retournement haussier.

- Gestion des Risques :

    Lors de l'utilisation des lignes de tendance pour prendre des décisions de trading, il est essentiel de mettre en place une gestion rigoureuse des risques. Cela implique de placer des ordres stop-loss à des niveaux appropriés pour limiter les pertes en cas de mouvement contraire du marché.

Les lignes de tendance sont des outils puissants dans l'arsenal d'un trader. Leur utilisation appropriée peut fournir des indications précieuses sur les tendances du marché et aider les traders à prendre des décisions éclairées. En intégrant les lignes de tendance dans une stratégie de trading globale et en les confirmant avec d'autres indicateurs techniques, vous pouvez améliorer leur précision et leur succès sur les marchés financiers.

2.4 Recherche de Niveaux de Support et de Résistance

La recherche de niveaux de support et de résistance est un aspect crucial de l'analyse technique en trading, quel que soit votre niveau d'expérience. Que vous soyez novice dans le domaine du trading ou un expert chevronné, comprendre comment identifier ces niveaux clés sur les graphiques peut faire toute la différence dans votre succès sur les marchés financiers. Permettez-moi de vous guider à travers cette exploration, en adaptant mes explications pour répondre aux besoins et aux connaissances de chacun.

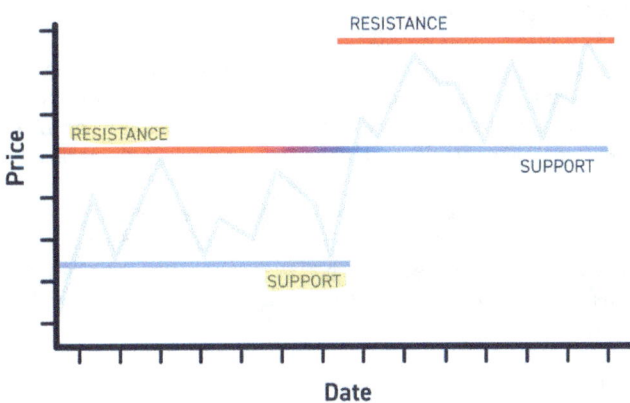

Compréhension des Niveaux de Support et de Résistance

- Les niveaux de support sont comme des planchers sur lesquels les prix ont tendance à rebondir, tandis que les niveaux de résistance agissent comme des plafonds où les prix ont du mal à grimper. Imaginez-vous dans une maison : le support est le sol solide sur lequel vous vous tenez, tandis que la résistance est le plafond au-dessus de vous qui vous empêche de monter plus haut.
- Ces niveaux sont des zones où l'offre et la demande s'équilibrent, créant des points de retournement potentiels dans le mouvement des prix. Les niveaux de support et de résistance sont souvent déterminés par des prix précédents où le marché a réagi de manière significative, que ce soit en rebondissant ou en stagnation.

Méthodes de Recherche des Niveaux de Support et de Résistance

- La recherche de ces niveaux peut commencer par une observation simple des graphiques historiques. Repérez les endroits où les prix ont rebondi ou stagné

plusieurs fois dans le passé. Ces zones indiquent souvent des niveaux de support et de résistance potentiels.
- pour les experts : En plus de l'observation directe des graphiques, les indicateurs techniques tels que les retracements de Fibonacci, les points pivots et les niveaux de Fibonacci peuvent être utilisés pour identifier ces niveaux clés. Ces outils peuvent fournir une validation supplémentaire des niveaux de support et de résistance identifiés.

Application Pratique dans le Trading

- Une fois que vous avez identifié ces niveaux sur un graphique, observez comment le marché réagit lorsque les prix approchent de ces zones. Si les prix rebondissent fortement près d'un niveau de support ou rencontrent une forte résistance près d'un niveau de résistance, cela peut confirmer la validité de ces niveaux.
- Pour les Experts : Utilisez ces niveaux de support et de résistance comme des points de référence pour prendre des décisions de trading. Considérez l'entrée dans une position longue près du support avec un stop-loss juste en dessous, ou la prise de bénéfices près de la résistance avec un objectif de profit à proximité.

Exemple Pratique :

Imaginons que vous suiviez le cours d'une action particulière sur le marché boursier. Vous remarquez que les prix ont rebondi plusieurs fois autour d'un niveau de support clé, situé autour de 50€. En même temps, vous identifiez un niveau de résistance à environ 65€, où les prix ont du mal à dépasser.

En observant l'action des prix près de ces niveaux, vous voyez que chaque fois que les prix approchent de 50€, les acheteurs semblent intervenir, provoquant un rebond significatif. De même, lorsque les prix atteignent 65€, les vendeurs entrent en jeu, limitant toute hausse supplémentaire.

En utilisant ces niveaux comme guides, vous pourriez envisager d'acheter près du support à 50€ avec un stop-loss juste en dessous, ou de vendre près de la résistance à 65€ avec un objectif de profit à proximité.

Que vous soyez novice ou expert en trading, la recherche de niveaux de support et de résistance est une compétence essentielle à maîtriser.

Chapitre 3 : Identification des Tendances

3.1 Utilisation des Moyennes Mobiles pour Identifier les Tendances

Les moyennes mobiles sont des outils indispensables dans l'arsenal d'un trader, offrant un moyen efficace d'identifier les tendances sur les marchés financiers. Dans ce sous-chapitre, nous explorerons en profondeur le fonctionnement des moyennes mobiles, leur utilisation pratique pour identifier les tendances, les facteurs à prendre en compte lors de leur utilisation, des exemples d'application et des conseils pratiques pour maximiser leur efficacité.

1. Introduction aux Moyennes Mobiles

Les moyennes mobiles sont des indicateurs techniques qui permettent de lisser les données de prix sur une période spécifique. Contrairement aux prix bruts, qui peuvent être volatils et sujets à des mouvements erratiques, les moyennes mobiles offrent une vision plus claire et plus lisse de l'évolution des prix. L'identification des tendances est essentielle en trading, car elle permet aux traders de prendre des décisions éclairées sur l'achat ou la vente d'actifs financiers.

2. Fonctionnement des Moyennes Mobiles

Les moyennes mobiles sont calculées en prenant la moyenne des prix sur une période spécifique. Par exemple, une moyenne mobile sur 50 jours est calculée en prenant la moyenne des prix de clôture des 50 derniers jours de négociation. Cette moyenne est ensuite tracée sur le graphique, créant une ligne lisse qui représente la tendance générale des prix sur cette période.

Il existe plusieurs types de moyennes mobiles, notamment les moyennes mobiles simples, exponentielles et pondérées. Chacune de ces méthodes de calcul a ses propres avantages et inconvénients, mais elles sont toutes largement utilisées dans l'analyse technique pour identifier les tendances sur les marchés financiers.

3. Utilisation Pratique des Moyennes Mobiles

Les moyennes mobiles sont utilisées principalement pour identifier les tendances sur les marchés financiers. Lorsque la moyenne mobile à court terme croise au-dessus de la moyenne mobile à long terme, cela indique généralement un début de tendance à la hausse. De même, un croisement en dessous peut signaler un début de tendance à la baisse.

Cependant, il est important de ne pas se fier uniquement aux croisements de moyennes mobiles pour prendre des décisions de trading. Il est préférable de les utiliser en conjonction avec d'autres indicateurs techniques et une analyse approfondie du marché pour confirmer les tendances et éviter les faux signaux.

4. Facteurs à Considérer

Lors de l'utilisation des moyennes mobiles pour identifier les tendances, il est essentiel de prendre en compte plusieurs facteurs. La sensibilité des moyennes mobiles aux périodes choisies est importante, car des périodes trop courtes peuvent entraîner des signaux erronés, tandis que des périodes trop longues peuvent retarder les signaux.

Il est également important de valider les signaux de moyennes mobiles avec d'autres indicateurs techniques, tels que les niveaux de support et de résistance, les oscillateurs ou les volumes de négociation. Cette validation croisée peut aider à confirmer les tendances et à réduire les risques de prendre des décisions basées sur de faux signaux.

5. Exemples d'Application

Nous analyserons comment les croisements de moyennes mobiles peuvent être utilisés pour identifier les tendances à la hausse et à la baisse, ainsi que les moments où il est préférable d'entrer ou de sortir d'une position de trading.

Imaginons que nous examinions le graphique des prix de l'action ABC sur une période d'un an. Nous avons tracé deux moyennes mobiles : une moyenne mobile sur 50 jours (MMA50) et une moyenne mobile sur 200 jours (MMA200).

Identification de la Tendance à la Hausse :

> *Au début de l'année, nous observons que la MMA50 croise au-dessus de la MMA200, ce qui indique un signal de croisement haussier. Cela suggère que la tendance à court terme devient plus forte que la tendance à long terme, ce qui peut signaler le début d'une tendance à la hausse.*

Confirmation de la Tendance à la Hausse :

> *Par la suite, nous constatons que les prix continuent de monter, avec la courbe de la MMA50 se maintenant au-dessus de la MMA200. Cette confirmation de la*

tendance à la hausse renforce notre conviction dans la solidité de la tendance à long terme.

Point d'Entrée :

Un point d'entrée potentiel pourrait être identifié lorsque les prix retracent légèrement vers la MMA50 mais rebondissent ensuite, confirmant ainsi le maintien de la tendance à la hausse. Les traders pourraient envisager d'entrer en position longue à ce moment-là, anticipant une continuation de la tendance à la hausse.

Point de Sortie :

Pour déterminer un point de sortie potentiel, les traders pourraient surveiller un croisement de la MMA50 en dessous de la MMA200. Ce croisement indiquerait un affaiblissement de la tendance à la hausse et pourrait être interprété comme un signal pour sortir de la position longue.

Identification de la Tendance à la Baisse :

Plus tard dans l'année, nous observons que la MMA50 croise en dessous de la MMA200, signalant un croisement baissier. Cela suggère un changement dans la dynamique du marché, avec la tendance à court terme devenant plus faible que la tendance à long terme, indiquant potentiellement le début d'une tendance à la baisse.

En utilisant ces signaux de croisement de moyennes mobiles, les traders peuvent identifier les tendances à la hausse et à la baisse sur le marché et prendre des décisions de trading éclairées concernant les points d'entrée et de sortie de leurs positions. Cependant, il est important de se rappeler que les moyennes mobiles ne sont pas infaillibles et doivent être utilisées en conjonction avec d'autres outils d'analyse technique et une gestion appropriée des risques.

6. Conseils Pratiques

Pour maximiser l'efficacité des moyennes mobiles dans l'identification des tendances, voici quelques conseils pratiques à suivre :

- Utilisez plusieurs périodes de moyennes mobiles pour confirmer les tendances.

- Adaptez les périodes de moyennes mobiles en fonction de la volatilité du marché.
- Validez les signaux de moyennes mobiles avec d'autres indicateurs techniques.
- Ne vous fiez pas uniquement aux croisements de moyennes mobiles pour prendre des décisions de trading.

En suivant ces conseils, vous pouvez utiliser les moyennes mobiles de manière plus efficace dans votre analyse des tendances et prendre des décisions de trading plus informées et plus rentables.

7. Conclusion

Les moyennes mobiles sont des outils précieux dans la boîte à outils de tout trader, offrant une méthode simple mais puissante pour identifier les tendances sur les marchés financiers. En comprenant leur fonctionnement, leur utilisation pratique, les facteurs à prendre en compte, les exemples d'application et les conseils pratiques, vous pouvez améliorer votre capacité à identifier et à exploiter les tendances sur les marchés financiers, augmentant ainsi vos chances de succès en trading.

3.2 Reconnaissance des Tendances avec l'Analyse des Plus Hauts et des Plus Bas

L'analyse des plus hauts et des plus bas est une méthode fondamentale pour reconnaître les tendances sur les marchés financiers. Elle repose sur le principe que les prix évoluent dans des cycles de hauts et de bas, reflétant ainsi les forces de l'offre et de la demande. Dans ce sous-chapitre, nous explorerons en détail cette approche, en mettant l'accent sur sa pertinence dans l'identification des tendances et en fournissant des exemples concrets pour illustrer son application pratique.

1. Importance de l'Analyse des Plus Hauts et des Plus Bas

L'analyse des plus hauts et des plus bas est cruciale pour les traders car elle fournit des indications clés sur la direction future des prix. En identifiant les niveaux où les prix ont atteint des sommets ou des creux, les traders peuvent mieux comprendre la dynamique du marché et anticiper les tendances à venir. Cette méthode offre une perspective précieuse sur la psychologie du marché et permet aux traders de prendre des décisions éclairées.

2. Identification des Plus Hauts et des Plus Bas

Pour reconnaître les tendances à l'aide de l'analyse des plus hauts et des plus bas, les traders examinent attentivement les sommets et les creux des mouvements de prix sur un graphique. Les sommets représentent les niveaux les plus élevés atteints par les prix, tandis que les creux représentent les niveaux les plus bas. En traçant des lignes de tendance à travers ces niveaux, les traders peuvent visualiser les tendances émergentes et prendre des décisions de trading éclairées.

3. Types de Tendances

L'analyse des plus hauts et des plus bas permet d'identifier trois types de tendances principales :

- Tendance à la hausse : caractérisée par des sommets et des creux successivement plus élevés.
- Tendance à la baisse : caractérisée par des sommets et des creux successivement plus bas.
- Tendance latérale ou de consolidation : caractérisée par des sommets et des creux qui se situent généralement à des niveaux similaires, indiquant un équilibre entre l'offre et la demande.

La reconnaissance de ces tendances permet aux traders d'ajuster leur stratégie de trading en conséquence, en cherchant à profiter des mouvements de prix à venir.

4. Utilisation Pratique dans le Trading

Dans la pratique, les traders utilisent l'analyse des plus hauts et des plus bas de plusieurs manières :

- Identification des points d'entrée et de sortie : Les niveaux de plus hauts et de plus bas peuvent servir de points d'entrée ou de sortie potentiels pour les positions de trading. Par exemple, un trader pourrait chercher à entrer dans une position longue lorsque les prix dépassent un plus haut précédent, confirmant ainsi une tendance à la hausse.
- Confirmation des tendances : Les lignes de tendance tracées à travers les sommets et les creux peuvent être utilisées pour confirmer les tendances émergentes. Une tendance à la hausse peut être confirmée par une série de sommets de plus en plus élevés, tandis qu'une tendance à la baisse peut être confirmée par une série de creux de plus en plus bas.
- Anticipation des retournements de tendance : Les traders peuvent utiliser l'analyse des plus hauts et des plus bas pour anticiper les retournements de tendance potentiels. Par exemple, un retournement de tendance à la hausse

pourrait être signalé par un plus haut plus bas que le précédent, indiquant une possible faiblesse dans la tendance actuelle.

5. Exemples d'Application

Pour illustrer l'application pratique de l'analyse des plus hauts et des plus bas dans le trading, examinons un exemple concret :

- Sur un graphique de prix d'une action, les traders identifient une série de sommets de plus en plus élevés et de creux de plus en plus hauts, confirmant ainsi une tendance à la hausse. En traçant une ligne de tendance à travers ces sommets et ces creux, les traders peuvent visualiser la direction générale du marché et prendre des décisions de trading en conséquence.

6. Conseils pour une Reconnaissance Précise des Tendances

Pour reconnaître avec précision les tendances à l'aide de l'analyse des plus hauts et des plus bas, voici quelques conseils pratiques :

- Utilisez plusieurs unités de temps : Pour confirmer les tendances à différents niveaux de granularité, utilisez plusieurs unités de temps dans votre analyse.
- Soyez attentif aux cassures : Les cassures des niveaux de plus hauts et de plus bas peuvent indiquer des changements dans la direction du marché.
- Utilisez d'autres indicateurs : Utilisez d'autres indicateurs techniques pour confirmer les signaux générés par l'analyse des plus hauts et des plus bas.

3.3 Confirmation des Tendances à l'aide d'Indicateurs Complémentaires

La confirmation des tendances à l'aide d'indicateurs complémentaires est une étape cruciale dans le processus d'analyse technique. Alors que l'analyse des plus hauts et des plus bas offre une perspective précieuse sur la direction générale du marché, l'utilisation d'indicateurs supplémentaires permet de valider ces tendances et d'améliorer la fiabilité des signaux de trading.

Dans ce sous-chapitre, nous explorerons les différentes catégories d'indicateurs complémentaires, leur utilisation pratique dans la confirmation des tendances, ainsi que des exemples concrets pour illustrer leur application dans le trading.

1. Catégories d'Indicateurs Complémentaires

Les indicateurs complémentaires peuvent être regroupés en plusieurs catégories, notamment :

- Indicateurs de momentum : Ces indicateurs mesurent la force et la vitesse des mouvements de prix, ce qui peut aider à confirmer les tendances émergentes.
- Oscillateurs : Ces indicateurs oscillent généralement entre des niveaux prédéfinis, indiquant les conditions de surachat ou de survente du marché.
- Volume : L'analyse du volume des transactions peut fournir des informations sur la participation des investisseurs et la validité des mouvements de prix.
- Volatilité : Les indicateurs de volatilité mesurent la magnitude des variations de prix, ce qui peut aider à évaluer le risque associé à une tendance donnée.

2. Utilisation Pratique des Indicateurs Complémentaires

L'utilisation pratique des indicateurs complémentaires est cruciale pour confirmer les tendances émergentes et prendre des décisions de trading éclairées. Voici des conseils spécifiques pour une utilisation efficace de ces indicateurs :

- Comprendre les Forces et les Faiblesses de Chaque Indicateur :

    Avant d'utiliser un indicateur, prenez le temps de comprendre ses caractéristiques, ses paramètres et ses limites. Chaque indicateur a ses propres forces et faiblesses, et il est essentiel de les connaître pour éviter les pièges courants.

- Établir des Règles Claires pour l'Interprétation des Signaux : Développez des règles claires pour interpréter les signaux générés par les indicateurs. Par exemple, définissez des seuils spécifiques pour les lectures de surachat et de survente dans les oscillateurs, ou des critères pour les croisements de lignes dans les indicateurs de momentum.

- Confirmer les Signaux par la Convergence des Indicateurs :

    Cherchez des confirmations croisées en utilisant plusieurs indicateurs complémentaires. Par exemple, si vous utilisez le RSI pour identifier les conditions de surachat ou de survente, recherchez également des signaux de renversement de tendance dans d'autres indicateurs, comme le MACD ou le Stochastique.

- Adaptation aux Conditions de Marché Changeantes :

    Soyez flexible dans votre utilisation des indicateurs et adaptez-vous aux conditions de marché changeantes. Ce qui fonctionne bien dans un marché tendanciel peut ne pas être aussi efficace dans un marché en range. Apprenez à ajuster vos paramètres d'indicateurs ou à utiliser des combinaisons différentes en fonction des conditions actuelles du marché.

- Évaluation Régulière de l'Efficacité des Indicateurs :

    Effectuez régulièrement une évaluation de l'efficacité de vos indicateurs pour vous assurer qu'ils continuent à fournir des signaux fiables. Si un indicateur ne fonctionne pas comme prévu ou s'il génère trop de faux signaux, soyez prêt à l'ajuster ou à le remplacer par un autre indicateur plus approprié.

3. Exemples d'Application

Pour illustrer l'application pratique des indicateurs complémentaires dans le trading, considérons un exemple concret :

- Sur un graphique de prix d'une action, un trader observe une tendance à la hausse confirmée par une série de sommets et de creux de plus en plus élevés. Pour valider cette tendance, le trader utilise l'indicateur Stochastique pour identifier les zones de surachat, ce qui confirme la force de la tendance haussière.

4. Conseils pour une Confirmation Précise des Tendances

Pour confirmer avec précision les tendances à l'aide d'indicateurs complémentaires, voici quelques conseils pratiques :

- Choisissez des indicateurs compatibles : Utilisez des indicateurs qui complètent votre analyse et offrent des perspectives différentes sur le marché.

- Évitez la surcharge d'indicateurs : Limitez le nombre d'indicateurs que vous utilisez pour éviter la confusion et la paralysie par l'analyse.
- Soyez patient : Attendez la confirmation de plusieurs indicateurs avant de prendre une décision de trading, afin de minimiser les faux signaux.

La confirmation des tendances à l'aide d'indicateurs complémentaires est une étape essentielle dans le processus d'analyse technique. En utilisant une combinaison judicieuse d'indicateurs, les traders peuvent valider les tendances émergentes et améliorer la fiabilité de leurs décisions de trading.

Chapitre 4 : Stratégies de Trading Basées sur l'Action des Prix

4.1 Stratégies de Retournement de Tendance

Les stratégies de retournement de tendance sont des outils puissants dans la boîte à outils d'un trader, car elles permettent de repérer les opportunités de trading à contre-courant lorsque les prix atteignent des niveaux extrêmes et pourraient potentiellement changer de direction. Cette section explorera en profondeur les différentes techniques et outils utilisés pour identifier et confirmer les retournements de tendance, ainsi que des conseils pratiques pour les traders.

Dans le monde complexe du trading, repérer les signaux de retournement de tendance nécessite une compréhension approfondie des dynamiques du marché. Voici quelques outils couramment utilisés pour cette tâche :

- Divergence : La divergence entre les indicateurs techniques et le prix peut indiquer un affaiblissement de la tendance actuelle. Par exemple, si les prix continuent de grimper alors que l'indicateur de momentum comme le RSI (Relative Strength Index) ou le MACD (Moving Average Convergence Divergence) commence à baisser, cela suggère une possible inversion imminente de la tendance.
- Modèles de Chandeliers : Les modèles de chandeliers offrent des signaux visuels sur les graphiques de prix qui peuvent indiquer un changement de direction. Par exemple, une étoile filante ou un marteau inversé près d'un niveau de résistance ou de support significatif peut signaler un retournement potentiel.
- Niveaux de Fibonacci : Les traders utilisent souvent les niveaux de retracement de Fibonacci pour identifier les zones où les prix sont

susceptibles de rebondir après une correction. Les niveaux de Fibonacci, tels que 38,2%, 50% et 61,8%, agissent souvent comme des niveaux de support ou de résistance où les retournements de tendance se produisent fréquemment.

La confirmation des signaux de retournement de tendance est essentielle pour éviter les faux signaux et les pièges du marché. Voici quelques techniques couramment utilisées pour confirmer les retournements de tendance :

- Analyse du Volume : Une augmentation du volume des transactions lors d'un retournement de tendance peut confirmer la validité du mouvement des prix. Par exemple, un volume élevé lors de la formation d'un sommet ou d'un creux important renforce la probabilité que le retournement de tendance soit authentique.
- Confirmation des Cassures : Les cassures de lignes de tendance ou de niveaux de support/résistance peuvent confirmer un retournement de tendance. Les traders surveillent souvent ces cassures pour valider leurs hypothèses de retournement de tendance et prendre des positions en conséquence.

Pour réussir dans le trading de retournement de tendance, voici quelques conseils supplémentaires à considérer :

- Patience et Discipline : Attendez la confirmation des signaux de retournement de tendance avant d'agir. Ne précipitez pas vos décisions de trading et soyez discipliné dans votre approche.
- Gestion du Risque : Utilisez des ordres stop-loss pour limiter les pertes en cas de retournement de tendance inattendu. Gérez également la taille de vos positions pour contrôler votre exposition au marché.
- Validation par plusieurs indicateurs : Utilisez plusieurs indicateurs et techniques pour valider vos hypothèses de retournement de tendance. Plusieurs confirmations renforcent la probabilité de succès de votre trade.

4.2 Stratégies de Continuation de Tendance

Les stratégies de continuation de tendance sont essentielles pour les traders qui souhaitent saisir les opportunités de trading lorsque les marchés suivent une direction claire. Contrairement aux stratégies de retournement de tendance qui visent à capturer les changements de direction, les stratégies de continuation de tendance se concentrent sur l'identification des moments où une tendance existante est susceptible de se poursuivre.

Dans cette section, nous explorerons ces stratégies de manière accessible à tous, en mettant en lumière les outils et les techniques utilisés pour repérer et trader les tendances en cours.

1. Identifier les Signaux de Continuation de Tendance

Repérer les signaux de continuation de tendance consiste à observer les mouvements du marché pour déterminer si une tendance est susceptible de se prolonger. Voici quelques-uns des outils et techniques que vous pouvez utiliser :

- Moyennes Mobiles : Les moyennes mobiles vous aident à identifier la direction générale d'une tendance. Lorsque le prix reste au-dessus de la moyenne mobile, cela indique une tendance haussière, tandis que s'il reste en dessous, cela indique une tendance baissière.
- Indicateurs de Momentum : Ces indicateurs, tels que l'indice de force relative (RSI) ou le MACD, mesurent la force d'une tendance en cours. Des lectures élevées indiquent une tendance forte qui pourrait se poursuivre.

2. Confirmer les Signaux

Confirmer les signaux de continuation de tendance est essentiel pour éviter les faux signaux. Voici quelques techniques de confirmation simples que vous pouvez utiliser :

- Analyse du Volume : Un volume élevé pendant une tendance confirme la force de cette dernière. Si le volume diminue, cela peut indiquer que la tendance faiblit.
- Consolidation : Les périodes de consolidation, où les prix se stabilisent après une forte poussée dans la direction de la tendance, peuvent confirmer la solidité de cette dernière.

3. Exemples Pratiques

Imaginons que vous soyez un trader attentif aux opportunités de continuation de tendance sur le marché des devises. Vous observez le graphique journalier de la paire de devises EUR/USD, qui montre une tendance haussière bien établie au cours des derniers mois. Vous avez déjà identifié cette tendance grâce à l'analyse des mouvements de prix, qui montre des creux et des sommets de plus en plus hauts.

En analysant plus en détail le graphique, vous remarquez que la paire EUR/USD a récemment connu une phase de consolidation après une forte hausse. Cela se traduit par une période où les prix ont évolué latéralement dans un range étroit, marquant une pause dans la tendance haussière précédente. Cette consolidation est souvent considérée comme un signal potentiel de continuation de tendance, car elle permet au marché de reprendre son souffle avant de reprendre sa dynamique précédente.

Alors que la consolidation se poursuit, vous surveillez de près les niveaux de support et de résistance clés. Vous remarquez que le prix a rebondi plusieurs fois sur un niveau de support majeur près de 1,1500, ce qui confirme la solidité de cette zone. De plus, vous observez que le volume des transactions a diminué pendant la période de consolidation, ce qui suggère une attente de la part des participants au marché avant une prochaine impulsion.

Votre analyse est renforcée par les indicateurs techniques que vous utilisez. Le RSI montre des lectures dans la zone de surachat, ce qui confirme la force de la tendance haussière en cours. De plus, le MACD présente une divergence haussière, indiquant un élan potentiellement croissant en faveur des acheteurs.

Après avoir pris en compte toutes ces informations, vous décidez d'attendre une cassure au-dessus du niveau de résistance clé près de 1,1600 pour confirmer la continuation de la tendance haussière. Une fois que cette cassure se produit avec un volume élevé, confirmant ainsi la force des acheteurs, vous décidez d'entrer en position longue sur l'EUR/USD.

Vous gérez votre risque en plaçant un ordre stop-loss juste en dessous du dernier creux significatif, vous assurant ainsi de limiter vos pertes en cas de retournement soudain du marché. Vous surveillez également attentivement la progression de la tendance haussière, en ajustant éventuellement votre stop-loss à mesure que le prix progresse dans votre direction.

Au fil des jours et des semaines suivantes, vous observez avec satisfaction la paire EUR/USD continuer à grimper, confirmant ainsi votre analyse initiale. Vous restez discipliné dans votre approche, en suivant de près les signaux de continuation de tendance et en gérant rigoureusement votre position pour maximiser vos gains potentiels tout en minimisant vos pertes.

En résumé, cet exemple illustre comment un trader peut utiliser différentes techniques d'analyse pour identifier et profiter des opportunités de continuation de tendance sur le marché des devises. En combinant une analyse approfondie des mouvements de prix, des indicateurs techniques et des niveaux de support et de résistance, vous pouvez prendre des décisions de trading éclairées et réussir à capitaliser sur les tendances en évolution du marché.

.

4. Conseils pour le Trading de Continuation de Tendance

- Suivez la Tendance : La tendance est votre amie. Cherchez à trader dans le sens de la tendance dominante pour augmenter vos chances de succès.

- Soyez Patient : Attendez la confirmation des signaux de continuation de tendance avant de prendre une décision de trading. La patience est souvent récompensée dans le trading.

- Gérez vos Risques : Utilisez toujours des ordres stop-loss pour limiter vos pertes en cas de mouvements défavorables du marché. Gérez également la taille de vos positions pour contrôler votre exposition au marché.

4.3 Trading basé sur les Retracements de Fibonacci

Les retracements de Fibonacci sont un outil populaire utilisé par de nombreux traders pour identifier des niveaux potentiels de support et de résistance sur un graphique. Ces niveaux sont dérivés des ratios mathématiques basés sur la séquence de Fibonacci, et sont souvent utilisés pour anticiper les retournements de tendance ou les zones de consolidation sur les marchés financiers.

Voici comment cette stratégie peut être mise en œuvre de manière efficace :

1. Compréhension des Retracements de Fibonacci :

Avant de pouvoir utiliser les retracements de Fibonacci dans votre trading, il est essentiel de comprendre comment ils sont calculés et interprétés. Les niveaux de retracement les plus couramment utilisés sont les 23,6 %, 38,2 %, 50 %, 61,8 % et 78,6 %, qui sont considérés comme des zones potentielles de support ou de résistance.

2. Identification des Retracements sur un Graphique :

Une fois que vous avez compris les niveaux de retracement de Fibonacci, vous pouvez les utiliser pour identifier des zones potentielles de retournement de tendance ou de consolidation sur un graphique. Recherchez des retracements qui correspondent à des creux ou des sommets significatifs précédents, car ces zones sont plus susceptibles d'attirer l'attention des autres traders.

3. Confirmation des Retracements :

1. Utilisation de Combinaisons de Retracements :

Au lieu de se fier uniquement à un niveau de retracement de Fibonacci, les traders peuvent utiliser plusieurs niveaux de retracement pour confirmer la validité d'une zone de support ou de résistance. La convergence de plusieurs retracements, tels que le retracement de 50 % avec le retracement de 61,8 %, renforce la solidité de la zone identifiée.

2. Validation par l'Analyse du Contexte du Marché :

Il est crucial d'analyser le contexte global du marché pour confirmer les retracements de Fibonacci. Par exemple, un retracement de Fibonacci qui coïncide avec un niveau de support historique ou avec un pivot de marché majeur a une probabilité plus élevée de se révéler valide.

3. Confirmation par l'Analyse de la Volatilité :

La volatilité du marché peut fournir des indications sur la force ou la faiblesse d'un retracement de Fibonacci. Une volatilité élevée près d'un niveau de retracement peut indiquer une pression significative des acheteurs ou des vendeurs, confirmant ainsi la validité de la zone identifiée.

4. Utilisation de Méthodes de Validation Statistique :

Certains traders utilisent des techniques statistiques pour valider les niveaux de retracement de Fibonacci. Par exemple, l'analyse de la probabilité historique de rebondir à partir de certains niveaux de retracement peut fournir des indications sur la fiabilité de ces niveaux dans des conditions de marché similaires.

5. Gestion du Risque :

Comme toujours, une gestion du risque prudente est essentielle lors du trading basé sur les retracements de Fibonacci. Utilisez des ordres stop-loss pour limiter vos pertes en cas de mouvements contraires et assurez-vous de respecter votre plan de gestion des risques pour chaque transaction.

Exemple Concret :

Supposons que vous observiez le graphique d'une paire de devises qui vient de connaître une forte tendance à la hausse. Vous remarquez que le prix commence à retracer une partie de cette tendance et se rapproche du niveau de retracement de Fibonacci de 50 %.

Vous attendez patiemment que le prix atteigne ce niveau de retracement et observez attentivement la réaction du marché. Vous remarquez que le prix commence à rebondir à proximité du niveau de retracement de 50 %, ce qui suggère un intérêt des acheteurs à ce niveau.

En prenant en compte cette observation, ainsi que d'autres facteurs de confirmation tels que des signaux d'inversion de tendance ou des modèles de chandeliers, vous décidez d'entrer en position longue sur la paire de devises. Vous gérez votre risque en plaçant un ordre stop-loss juste en dessous du niveau de retracement de Fibonacci, vous assurant ainsi de limiter vos pertes en cas de retournement du marché.

Au fil du temps, le prix de la paire de devises rebondit effectivement à partir du niveau de retracement de Fibonacci et reprend sa tendance à la hausse, confirmant ainsi la validité de votre analyse. Vous suivez attentivement la progression de la tendance et ajustez éventuellement votre stop-loss pour protéger vos gains.

En utilisant les retracements de Fibonacci comme guide, vous avez été en mesure d'identifier une opportunité de trading potentiellement lucrative et de capitaliser sur le retournement de tendance sur le marché des devises. Cet exemple illustre comment cette stratégie peut être mise en œuvre de manière efficace dans le trading réel.

4.4 Gestion des Entrées et des Sorties de Position

1. Utilisation de l'analyse technique avancée :

L'analyse technique avancée est une composante essentielle de la gestion des entrées et des sorties de position, offrant aux traders des outils sophistiqués pour prendre des décisions éclairées sur le marché. Voici quelques techniques avancées d'analyse technique et leur application dans la gestion des entrées et des sorties de position :

a. Configurations de chandeliers spécifiques :

Les configurations de chandeliers offrent une mine d'informations sur le comportement des prix et peuvent fournir des indications précieuses sur les points d'entrée et de sortie. Par exemple, des modèles tels que l'étoile du matin, l'étoile du soir, le marteau inversé, la pierre tombale, etc., signalent souvent des renversements de tendance potentiels. En analysant ces modèles de manière contextuelle, en tenant compte des niveaux de support et de résistance, ainsi que des tendances à plus long terme, les traders peuvent identifier des opportunités de trading avec un bon rapport risque/rendement.

b. Reconnaissance de modèles chartistes complexes :

En plus des modèles de chandeliers simples, les traders peuvent se tourner vers des modèles chartistes plus complexes pour affiner leurs entrées et leurs sorties de position. Par exemple, des modèles tels que les triangles, les drapeaux, les fanions, les épaules-têtes-épaules, etc., offrent des indications sur les phases de consolidation et de continuation de tendance sur le marché. En identifiant et en interprétant ces modèles avec précision, les traders peuvent anticiper les mouvements futurs des prix et prendre des décisions de trading plus éclairées.

c. Interprétation de signaux d'oscillateurs avancés :

Les oscillateurs tels que le Relative Strength Index (RSI), le Moving Average Convergence Divergence (MACD), et le Stochastic Oscillator offrent des informations sur la force et la direction d'une tendance. Les traders peuvent utiliser des configurations spécifiques de ces indicateurs pour confirmer les points d'entrée et de sortie. Par exemple, une divergence entre le RSI et les prix peut indiquer un affaiblissement de la tendance actuelle, tandis qu'un croisement de lignes de signal sur le MACD peut signaler un renversement imminent de la tendance. En interprétant ces signaux avec précision et en les combinant avec d'autres analyses techniques, les traders peuvent améliorer leur timing d'entrée et de sortie et optimiser leurs performances de trading.

2. Utilisation de Signaux de Confirmation : L'utilisation de signaux de confirmation est essentielle pour valider les décisions d'entrée en position. Cela peut impliquer l'utilisation d'indicateurs techniques tels que les moyennes mobiles, les bandes de Bollinger ou les oscillateurs stochastiques pour confirmer les points d'entrée potentiels. Par exemple, si vous envisagez d'acheter une action, vous pouvez attendre que le cours dépasse sa moyenne mobile sur une période donnée, ce qui peut indiquer une dynamique haussière accrue.

3. Gestion du Risque :

La gestion du risque est la pierre angulaire de toute stratégie de trading réussie. Elle consiste à évaluer et à contrôler les risques associés à chaque transaction afin de protéger le capital investi. Voici quelques principes clés de gestion du risque que tout trader devrait prendre en compte :

a. Détermination du niveau de risque acceptable : Avant d'entrer en position, il est essentiel de déterminer le montant de capital que vous êtes prêt à risquer sur un seul trade. Cette décision dépend de votre tolérance au risque, de votre horizon d'investissement et de vos objectifs financiers. En général, il est recommandé de ne pas risquer plus de 1 à 2 % de votre capital total sur une seule transaction.

b. Utilisation des ordres stop-loss : Les ordres stop-loss sont des outils essentiels pour limiter les pertes en cas de mouvements de marché défavorables. En définissant un niveau de stop-loss approprié avant d'entrer en position, vous pouvez déterminer à l'avance le montant de perte que vous êtes prêt à accepter. Il est important de placer votre stop-loss à un niveau qui vous protège contre les fluctuations normales du marché tout en évitant d'être déclenché par des mouvements de prix aléatoires.

c. Diversification du portefeuille : La diversification du portefeuille est une stratégie efficace pour réduire le risque global de votre portefeuille. En investissant dans une variété d'actifs et de classes d'actifs, vous pouvez répartir votre exposition au risque et atténuer l'impact des mouvements de marché extrêmes sur votre capital global. Il est recommandé de diversifier votre portefeuille entre différentes actions, devises, matières premières et obligations, ainsi que d'utiliser des instruments tels que les ETF et les fonds indiciels pour accroître la diversification.

d. Surveillance continue et ajustements : La gestion du risque ne se limite pas à définir des niveaux de stop-loss initiaux. Il est essentiel de surveiller activement vos positions ouvertes et d'ajuster vos ordres stop-loss en fonction de l'évolution du marché. Si le prix évolue en votre faveur, vous pouvez envisager de déplacer votre stop-loss pour sécuriser vos gains. De même, si le marché évolue contre vous, vous devriez être prêt à couper vos pertes rapidement pour limiter les dommages.

4. Surveillance Active : Une surveillance active du marché est nécessaire une fois que vous êtes en position. Surveillez attentivement l'évolution des prix et ajustez vos ordres stop-loss et take-profit en fonction des nouvelles informations et des évolutions du marché. Par exemple, si une annonce économique importante est publiée, cela peut affecter les conditions du marché et justifier un ajustement de vos ordres.

5. Planification des Sorties : Déterminez à l'avance vos objectifs de profit et les conditions dans lesquelles vous envisagez de sortir de la position. Utilisez des techniques telles que l'analyse des niveaux de support et de résistance, ainsi que l'identification des points de retournement potentiels, pour définir vos objectifs de sortie. Cela peut vous aider à prendre des décisions éclairées et à éviter de laisser les émotions dicter vos actions.

6. Évaluation Post-Trade : Après avoir clôturé une position, prenez le temps d'évaluer votre performance. Analysez ce qui a bien fonctionné et ce qui n'a pas fonctionné, et tirez des leçons de chaque trade. Identifiez vos forces et vos faiblesses, et utilisez ces informations pour affiner votre stratégie de trading à l'avenir. L'apprentissage continu est essentiel pour améliorer vos compétences de trading et augmenter votre rentabilité sur le long terme.

Chapitre 5 : Gestion des Risques et de l'Argent

5.1 Importance de la Gestion des Risques dans le Trading

Dans le monde du trading, la gestion des risques est bien plus qu'une simple pratique ; c'est une nécessité vitale pour tout trader sérieux. Comprendre et appliquer une gestion efficace des risques est la clé pour préserver son capital et maintenir une croissance stable à long terme sur les marchés financiers. Dans ce chapitre, nous examinerons en profondeur l'importance cruciale de la gestion des risques dans le trading.

Premièrement, la gestion des risques est fondamentale pour protéger le capital initial d'un trader. Chaque trader commence son parcours avec un montant de capital qu'il investit sur les marchés. Sans une gestion appropriée des risques, ce capital est exposé à des pertes potentielles importantes.

En effet, les marchés financiers sont intrinsèquement volatils et imprévisibles, ce qui signifie que des mouvements de prix soudains et défavorables peuvent se produire à tout moment. En appliquant des techniques de gestion des risques telles que l'utilisation d'ordres stop-loss et la détermination d'une taille de position appropriée, les traders peuvent limiter leurs pertes potentielles à un niveau gérable, préservant ainsi leur capital pour des opportunités de trading futures.

Deuxièmement, une gestion efficace des risques permet de minimiser les effets négatifs des émotions sur le trading. Les marchés financiers sont souvent sujets à des fluctuations et à des périodes de volatilité, ce qui peut entraîner des réactions émotionnelles chez les traders, telles que la peur, la cupidité ou le stress.

Ces émotions peuvent souvent conduire à des décisions impulsives ou irrationnelles qui vont à l'encontre d'une stratégie de trading bien pensée. En adoptant une approche disciplinée de la gestion des risques, les traders peuvent atténuer les effets de ces fluctuations en se concentrant sur des stratégies et des objectifs clairs plutôt que sur leurs émotions. Cela leur permet de prendre des décisions rationnelles et basées sur des faits, ce qui est essentiel pour maintenir une performance de trading cohérente à long terme.

Enfin, une gestion efficace des risques permet aux traders de maintenir une approche durable du trading. En limitant les pertes et en protégeant leur capital, les traders peuvent continuer à trader de manière rentable même face à des périodes de marché difficiles. Cela leur permet de rester sur le marché plus longtemps, d'apprendre et de s'améliorer constamment, et d'atteindre finalement leurs objectifs financiers à long terme.

En résumé, la gestion des risques est un pilier fondamental du trading réussi. En comprenant et en appliquant les principes de la gestion des risques, les traders peuvent protéger leur capital, gérer leurs émotions et maintenir une approche durable du trading. Cela leur permet de maximiser leurs chances de réussite sur les marchés financiers et d'atteindre leurs objectifs financiers à long terme.

5.2 Détermination de la Taille de Position Appropriée

Calcul de la taille de position optimale :
- Méthode de Kelly Criterion : Cette méthode, développée par le mathématicien John L. Kelly Jr., est basée sur la théorie de l'information et vise à maximiser la croissance exponentielle du capital sur le long terme. Elle prend en compte la probabilité de gain et de perte de chaque trade, ainsi que le rapport risque/rendement. L'objectif est de déterminer la fraction optimale du capital à risquer sur chaque trade pour atteindre un rendement maximal.
- Méthode du pourcentage du capital : Cette approche consiste à allouer un pourcentage fixe du capital total à chaque trade, indépendamment du risque spécifique associé à celui-ci. Par exemple, un trader peut décider d'allouer 2% de son capital à chaque trade. Cette méthode est simple à mettre en œuvre mais ne prend pas en compte les différences de risque entre les trades.

Adaptation de la taille de position à la volatilité du marché :

Il est essentiel pour les traders de comprendre comment ajuster leur exposition au risque en fonction des conditions de marché changeantes, et cela nécessite une compréhension approfondie des techniques d'adaptation de la taille de position à la volatilité.

<u>Utilisation de l'Average True Range (ATR) :</u>

L'Average True Range (ATR) est un outil précieux pour évaluer la volatilité du marché. Cette mesure fournit une estimation de l'amplitude moyenne des mouvements de prix sur une période donnée. Les traders l'utilisent souvent pour déterminer la taille de position en fonction de la volatilité actuelle du marché.

Par exemple, si l'ATR indique une volatilité élevée, les traders peuvent réduire leur taille de position pour limiter leur exposition au risque. En revanche, lorsqu'elle est faible, ils peuvent augmenter leur taille de position pour profiter des opportunités de trading dans un marché plus stable.

Techniques d'ajustement proportionnel :

Les techniques d'ajustement proportionnel permettent aux traders d'adapter leur taille de position en fonction de la volatilité du marché de manière proportionnelle.

Par exemple, certains traders utilisent un ratio fixe entre l'ATR et la taille de leur position. Si l'ATR augmente, la taille de la position diminue proportionnellement, et vice versa. Cette approche permet aux traders de maintenir un niveau de risque constant par rapport à la volatilité du marché.

Adaptation aux conditions du marché :

Les traders doivent être conscients des conditions du marché et ajuster leur taille de position en conséquence. Dans un marché fortement volatil, les mouvements de prix peuvent être plus imprévisibles, ce qui augmente le risque pour les traders. En réduisant leur taille de position, les traders peuvent limiter leur exposition au risque. En revanche, dans un marché plus calme, les opportunités de trading peuvent être moins fréquentes mais plus prévisibles. Les traders peuvent alors augmenter leur taille de position pour tirer parti de ces opportunités.

Gestion dynamique du risque :

La gestion dynamique du risque implique d'ajuster continuellement la taille de position en fonction des fluctuations du marché.

Certains traders utilisent des algorithmes ou des stratégies automatisées pour surveiller la volatilité du marché et ajuster automatiquement leur taille de position en conséquence. Par exemple, un trader peut définir des seuils de volatilité prédéfinis et ajuster sa taille de position lorsque ces seuils sont dépassés.

Cela permet une gestion proactive du risque et une adaptation rapide aux changements du marché.

- Gestion dynamique du risque : Il est crucial d'adapter la taille de position en fonction de la volatilité du marché pour préserver le capital et éviter les pertes excessives. Par exemple, dans un marché très volatil, il peut être nécessaire de réduire la taille de position pour limiter l'exposition au risque. À l'inverse, dans un marché moins volatil, une taille de position plus importante peut être justifiée pour maximiser les opportunités de profit.

- Techniques d'ajustement de la taille de position : Les traders peuvent utiliser une variété de techniques pour ajuster la taille de position en fonction de la volatilité du marché. Cela peut inclure l'utilisation d'une taille de position fixe par unité de volatilité, où la taille de position est proportionnelle à l'amplitude des mouvements de prix. Alternativement, les traders peuvent utiliser des règles spécifiques basées sur des indicateurs de volatilité tels que l'Average True Range (ATR) pour déterminer la taille de position appropriée.

Ajustement en fonction de la confiance dans la stratégie :

- Évaluation de la confiance dans la stratégie : Les traders doivent évaluer objectivement leur confiance dans une stratégie de trading en se basant sur des critères tangibles tels que les performances passées, la robustesse de la stratégie dans différentes conditions de marché et la cohérence des résultats. Une confiance excessive peut conduire à une sur-exposition au risque, tandis qu'une sous-estimation de la confiance peut entraîner une sous-utilisation des opportunités de trading.
- Risques de sur-exposition : La sur-exposition au risque peut résulter d'une confiance excessive dans une stratégie ou d'une série de trades réussis. Il est essentiel de maintenir une approche disciplinée et de respecter les principes de gestion des risques, même lorsque la confiance dans une opportunité de trading est élevée. Cela permet de prévenir les pertes importantes en cas de retournement du marché ou de série de trades perdants.

5.3 Utilisation d'Ordres Stop-loss et Take-profit

1. Ordres Stop-loss

Les ordres stop-loss représentent l'un des piliers fondamentaux de toute stratégie de trading prudente et bien pensée. Leur rôle principal est de limiter les pertes en définissant un niveau auquel une position doit être automatiquement clôturée si le marché évolue défavorablement. Voici une exploration détaillée de l'utilisation stratégique des ordres stop-loss :

Définition et Fonctionnement

Un ordre stop-loss est un ordre de vente automatique placé à un niveau de prix prédéterminé en dessous du prix d'entrée pour une position longue, ou au-dessus du prix d'entrée pour une position courte. Lorsque le marché atteint ou dépasse ce niveau, l'ordre est déclenché et la position est fermée, limitant ainsi les pertes potentielles.

Importance de l'Ordre Stop-loss

L'importance des ordres stop-loss réside dans leur capacité à protéger le capital du trader contre les mouvements de marché imprévus et excessifs. En fixant un niveau de sortie prédéfini, les traders peuvent contrôler leur risque et éviter les pertes catastrophiques qui pourraient compromettre leur compte de trading.

Placement Stratégique

Lorsqu'un trader décide du placement de son ordre stop-loss, il doit tenir compte de plusieurs éléments pour déterminer le niveau optimal de protection pour sa position. Voici quelques considérations importantes à prendre en compte :

Volatilité du marché :
La volatilité du marché peut influencer le placement des ordres stop-loss. Dans un marché très volatile, les mouvements de prix peuvent être plus importants et rapides, ce qui nécessite des ordres stop-loss plus éloignés pour éviter d'être déclenchés prématurément. En revanche, dans un marché moins volatil, des ordres stop-loss plus serrés peuvent être utilisés pour limiter les pertes.

Durée de la position :
La durée prévue de la position peut également influencer le placement des ordres stop-loss. Pour les positions à court terme, les ordres stop-loss peuvent être placés plus près du prix d'entrée, car il y a moins de temps pour que le marché se retourne en faveur de la position. En revanche, pour les positions à plus long terme, les ordres stop-loss peuvent être placés à des niveaux plus éloignés pour tenir compte des fluctuations à court terme du marché.

Analyse technique :

L'analyse technique peut fournir des indications sur les niveaux de support et de résistance, ce qui peut aider à déterminer le placement des ordres stop-loss. Par exemple, un trader peut choisir de placer son ordre stop-loss juste en dessous d'un niveau de support clé pour une position longue, ou juste au-dessus d'un niveau de résistance clé pour une position courte. De plus, les indicateurs techniques tels que les moyennes mobiles, les bandes de Bollinger et les retracements de Fibonacci peuvent également fournir des niveaux de prix importants à considérer.

Taille de la position :
La taille de la position par rapport au capital total du trader peut également influencer le placement des ordres stop-loss. Les traders risquant une plus grande proportion de leur capital sur une seule transaction peuvent choisir de placer des ordres stop-loss plus conservateurs pour limiter les pertes potentielles.

En combinant ces facteurs et en effectuant une analyse approfondie du marché, les traders peuvent prendre des décisions éclairées sur le placement stratégique de leurs ordres stop-loss. Il est essentiel de se rappeler que le placement des ordres stop-loss est une partie intégrante de la gestion des risques et de la préservation du capital dans le trading.

Gestion des Stops

Dans le monde du trading, la gestion des ordres stop-loss est une pratique cruciale pour tout trader sérieux. Cela implique la détermination préalable de niveaux de prix spécifiques, au-dessous desquels un trader sortira automatiquement d'une position pour limiter ses pertes. Cependant, il existe des stratégies avancées de gestion des ordres stop-loss qui vont au-delà de cette pratique de base et qui peuvent aider les traders à mieux contrôler leur exposition au risque et à optimiser leurs résultats.

Une des techniques avancées consiste en l'ajustement dynamique des niveaux de stop-loss en fonction de l'évolution des conditions du marché. Les marchés financiers sont constamment en mouvement, et ce qui était une zone de support ou de résistance hier peut ne plus l'être aujourd'hui. Par conséquent, les traders doivent surveiller activement les changements dans le comportement des prix et ajuster leurs niveaux de stop-loss en conséquence. Par exemple, si un actif atteint un nouveau plus haut, le trader peut déplacer son stop-loss initial pour sécuriser une partie des gains et réduire le risque de pertes en cas de retournement de tendance.

Une autre stratégie avancée est l'utilisation de stop-loss glissants. Contrairement à un stop-loss fixe, un stop-loss glissant suit automatiquement le mouvement des prix dans une direction favorable.

Par exemple, si un trader est en position longue sur une action dont le prix augmente, son stop-loss glissant se déplacera également vers le haut pour maintenir une distance prédéterminée par rapport au prix actuel. Cela permet au trader de verrouiller les gains progressivement tout en laissant de la marge pour profiter des mouvements de prix positifs.

Enfin, l'application de principes de money management est essentielle pour déterminer la taille appropriée des ordres stop-loss. Les traders doivent calculer la taille de leurs positions en fonction du capital disponible et du niveau de risque qu'ils sont prêts à accepter pour chaque transaction. Des méthodes telles que le pourcentage du capital total risqué par transaction ou la méthode de la valeur du pip peuvent être utilisées pour déterminer la taille optimale des ordres stop-loss.

Illustration de l'Impact

Pour illustrer l'importance des ordres stop-loss, considérons un scénario où un trader décide de ne pas utiliser de stops et subit une série de pertes importantes à la suite de mouvements inattendus du marché.

En conclusion, les ordres stop-loss sont un outil indispensable pour tout trader sérieux. Leur utilisation stratégique permet de contrôler les risques, de protéger le capital et d'assurer une approche disciplinée du trading. En comprenant pleinement leur fonctionnement et en les intégrant dans leur stratégie de trading, les traders peuvent améliorer leur performance globale et maximiser leurs chances de succès sur les marchés financiers.

5.4 Techniques pour Réduire les Pertes et Maximiser les Profits

Gestion Dynamique des Ordres Stop-loss et Take-profit :

Commençons par l'importance fondamentale de ces ordres. Le stop-loss est votre première ligne de défense contre les pertes excessives. Il fixe un niveau de prix auquel votre position sera automatiquement liquidée si le marché se déplace contre vous, limitant ainsi vos pertes à un montant prédéterminé et préservant votre capital pour d'autres opportunités de trading.

De même, le take-profit est votre moyen de verrouiller les gains en fixant un niveau de prix auquel vous souhaitez sortir de votre position avec un profit. Cela vous permet de capturer les mouvements de prix favorables et de réaliser vos objectifs de profit.

Pour placer ces ordres de manière stratégique, vous devez prendre en compte plusieurs facteurs.

Tout d'abord, analysez attentivement le marché et identifiez les niveaux de support et de résistance clés, ainsi que les tendances dominantes.

Ensuite, déterminez votre tolérance au risque et fixez des niveaux de stop-loss et take-profit en conséquence. Assurez-vous que ces niveaux sont logiques par rapport à la structure du marché et à votre stratégie de trading.

Je recommande également d'utiliser des techniques avancées pour ajuster dynamiquement vos ordres en fonction des conditions changeantes du marché.

Par exemple, vous pouvez utiliser des stop-loss glissants qui suivent automatiquement le prix à une distance fixe, ce qui vous permet de protéger vos gains tout en laissant de l'espace pour que la position se développe.

De même, l'utilisation d'ordres de trailing stop vous permet de verrouiller les bénéfices tout en permettant au trade de continuer à fonctionner dans une tendance favorable.

Enfin, restez flexible et adaptez vos ordres en fonction de l'évolution du marché. Si les conditions changent et que votre analyse initiale n'est plus valide, n'hésitez pas à ajuster vos niveaux de stop-loss et take-profit en conséquence. La clé est de rester discipliné et de suivre votre plan de trading, même lorsque les choses deviennent tumultueuses sur les marchés.

<u>Utilisation de l'Analyse Fondamentale pour Optimiser les Sorties :</u>

En complément de l'analyse technique, l'analyse fondamentale peut fournir des indications sur les événements économiques et les développements du marché qui pourraient avoir un impact sur les prix.

Les traders peuvent utiliser ces informations pour prendre des décisions éclairées sur la sortie de leurs positions, en sortant avant des annonces importantes ou en prolongeant leurs positions en fonction de perspectives favorables.

Diversification du Portefeuille :

Une stratégie fondamentale pour réduire les pertes est la diversification du portefeuille. En répartissant les capitaux sur différents actifs ou instruments financiers, les traders peuvent atténuer les risques associés à une seule position ou à un seul secteur. Cela peut également aider à maximiser les opportunités de profit en exploitant différentes tendances sur les marchés.

Utilisation de l'Effet de Levier avec Prudence :

Bien que l'effet de levier puisse amplifier les gains, il comporte également des risques significatifs. Les traders expérimentés savent quand et comment utiliser l'effet de levier de manière prudente, en évitant de prendre des positions trop importantes par rapport à leur capital.

Une gestion prudente de l'effet de levier est essentielle pour réduire les pertes potentielles et préserver le capital.

Stratégies pour Maximiser les Profits

La maximisation des profits est un aspect essentiel du trading réussi. Dans cette section, je vais explorer différentes stratégies et techniques pour vous aider à optimiser vos gains sur les marchés financiers.

a-Gestion des Positions Gagnantes :

L'une des premières stratégies pour maximiser les profits consiste à bien gérer les positions gagnantes. Trop souvent, les traders ont tendance à fermer leurs positions trop tôt par peur de voir les gains s'évaporer. Cependant, en adoptant une approche plus disciplinée, vous pouvez laisser courir vos positions gagnantes lorsque la tendance est forte. Cela implique de surveiller attentivement l'évolution du marché et d'ajuster vos ordres stop-loss et take-profit en conséquence pour protéger vos gains tout en laissant suffisamment de place pour profiter des mouvements de prix favorables.

b-Utilisation de Multiples Objectifs de Profit :

Une autre stratégie efficace est d'utiliser plusieurs objectifs de profit. Plutôt que de viser un seul niveau de prise de bénéfices, divisez votre position en plusieurs parties et fixez des niveaux de take-profit différents pour chaque segment. Cela vous permet de sécuriser des gains à différents niveaux de prix et de maximiser vos profits potentiels. Vous pouvez ajuster ces niveaux en fonction de la volatilité du marché et de la force de la tendance pour tirer le meilleur parti des mouvements de prix.

c-Prise de Bénéfices Partiels :

La prise de bénéfices partiels est une autre technique importante pour maximiser les profits. Plutôt que de fermer entièrement une position dès que vous atteignez un niveau de profit cible, vous pouvez choisir de fermer une partie de votre position et de laisser le reste courir.

Cela vous permet de sécuriser une partie de vos gains tout en laissant une chance aux profits restants de croître. Vous pouvez utiliser des critères spécifiques, tels que des niveaux de support ou de résistance, pour décider quand prendre des bénéfices partiels.

d-Optimisation du Ratio Risque/Rendement :

Optimiser le ratio risque/rendement de vos trades est également crucial pour maximiser les profits. Cela signifie rechercher des opportunités de trading qui offrent un potentiel de gain élevé par rapport au risque encouru. Vous pouvez utiliser des techniques d'analyse technique pour identifier les configurations de trading avec un rapport risque/rendement favorable, telles que les cassures de niveaux de support ou de résistance, ou les modèles de chandeliers japonais. En concentrant vos efforts sur les trades avec un bon ratio risque/rendement, vous augmentez vos chances de réaliser des profits sur le long terme.

e-Préservation du Capital :

Enfin, la préservation du capital est un élément crucial de la maximisation des profits. Cela signifie être prudent dans la gestion de votre risque et savoir quand rester hors du marché lorsque les conditions ne sont pas favorables. En utilisant des ordres stop-loss pour limiter les pertes et en évitant le sur-trading lorsque les opportunités ne sont pas claires, vous pouvez préserver votre capital pour des trades plus opportuns.

En intégrant ces stratégies de maximisation des profits dans votre approche de trading, vous serez mieux équipé pour capitaliser sur les opportunités offertes par les marchés financiers et atteindre vos objectifs de rentabilité.

Surveillance Continue du Marché :

Enfin, les traders expérimentés savent qu'une surveillance continue du marché est essentielle pour réduire les pertes et maximiser les profits.

Ils restent attentifs aux changements de conditions du marché, aux événements économiques et aux annonces importantes qui pourraient affecter leurs positions. Cela leur permet d'ajuster rapidement leurs stratégies et leurs ordres en fonction des nouvelles informations, minimisant ainsi les risques et capitalisant sur les opportunités.

Chapitre 6 : Psychologie du Trading

6.1 Contrôle Émotionnel et Discipline dans le Trading

Le contrôle émotionnel et la discipline sont les piliers fondamentaux sur lesquels repose tout succès dans le trading. En tant que trader expérimenté, j'ai pu constater à maintes reprises l'impact significatif que ces deux éléments ont sur la performance des traders sur les marchés financiers. Voici une exploration plus approfondie de l'importance du contrôle émotionnel et de la discipline, ainsi que des techniques pour les développer efficacement.

Importance du Contrôle Emotionnel :

Dans l'univers volatil du trading, les émotions peuvent rapidement prendre le dessus et nuire à nos décisions de trading. La peur, la cupidité, l'espoir et le regret sont des émotions omniprésentes qui peuvent influencer nos choix et nous éloigner de notre stratégie préétablie. Le contrôle émotionnel consiste à garder ces émotions sous contrôle, à les reconnaître mais à ne pas les laisser dicter nos actions sur les marchés. Les traders qui parviennent à maintenir un état d'esprit calme et rationnel sont mieux équipés pour prendre des décisions éclairées et éviter les pièges émotionnels qui peuvent conduire à des pertes importantes.

Développement de la Discipline :

La discipline est la capacité à suivre son plan de trading et à respecter les règles établies, même dans les moments les plus difficiles. Cela implique de définir des objectifs de trading clairs, d'établir des règles strictes en matière de gestion des risques et de s'y tenir de manière constante. La discipline est ce qui permet aux traders de rester fidèles à leur stratégie de trading même lorsque les choses deviennent difficiles sur les marchés. Sans discipline, il est facile de succomber à la tentation de dévier de son plan initial, ce qui peut entraîner des pertes importantes et des revers financiers.

Techniques pour Améliorer le Contrôle Emotionnel :

Il existe plusieurs techniques qui peuvent aider les traders à améliorer leur contrôle émotionnel. La méditation et la pleine conscience sont des pratiques puissantes qui aident à calmer l'esprit et à réduire le stress. La visualisation positive est une autre technique efficace qui permet aux traders de se concentrer sur leurs objectifs et de renforcer leur confiance en eux. En établissant des routines de trading structurées et en éliminant les distractions, les traders peuvent également aider à maintenir un état d'esprit calme et concentré pendant les sessions de trading.

Gestion des Émotions Négatives :

Dans le domaine du trading, la gestion des émotions est cruciale pour maintenir une discipline rigoureuse et prendre des décisions de trading rationnelles. Dans le cadre du trading basé sur l'action des prix, où les décisions sont souvent prises en fonction des mouvements de prix observés sur les graphiques, la gestion des émotions revêt une importance particulière.

Reconnaissance des Émotions :

La première étape pour gérer les émotions dans le trading est de les reconnaître. Les traders doivent être conscients des émotions qui influencent leurs décisions, telles que la peur de perdre de l'argent, l'avidité pour des profits plus importants, ou encore l'impatience lors de périodes de consolidation des prix. En identifiant ces émotions, les traders peuvent mieux comprendre comment elles affectent leur comportement.

Compréhension des Déclencheurs :

Une fois les émotions reconnues, il est important de comprendre ce qui les déclenche. Par exemple, un trader pourrait ressentir de la peur lorsqu'il subit une série de pertes, ou de l'avidité lorsqu'il voit une forte tendance se former. En comprenant les facteurs qui déclenchent leurs émotions, les traders peuvent anticiper et mieux contrôler leurs réactions.

Développement de Mécanismes d'Adaptation :

Les traders doivent développer des mécanismes pour gérer efficacement leurs émotions lorsqu'ils tradent. Cela peut inclure des techniques de respiration profonde pour réduire le stress, des pauses régulières pour se recentrer, ou encore la mise en place de règles strictes de gestion des risques pour limiter l'impact émotionnel des pertes.

Maintien de la Discipline :

La discipline est essentielle pour éviter de laisser les émotions dicter les décisions de trading. Les traders doivent suivre leur plan de trading de manière rigoureuse, en se concentrant sur l'exécution des stratégies prédéfinies plutôt que sur leurs émotions du moment. Cela implique parfois de prendre des décisions difficiles, comme couper une position perdante ou prendre des bénéfices prématurément, en se basant sur des critères objectifs plutôt que sur des réactions émotionnelles.

Auto-Évaluation et Amélioration Continue :

Enfin, les traders doivent régulièrement évaluer leur propre comportement émotionnel et identifier les domaines où des améliorations peuvent être apportées. Cela peut nécessiter de garder un journal de trading pour suivre les réactions émotionnelles aux différentes situations de marché, et ajuster en conséquence les stratégies de gestion des émotions.

En résumé, la gestion des émotions est un aspect fondamental du trading basé sur l'action des prix. En reconnaissant, comprenant et gérant efficacement leurs émotions, les traders peuvent améliorer leur discipline, réduire les erreurs émotionnelles et augmenter leurs chances de succès sur les marchés financiers.

En reconnaissant ses peurs et en apprenant à les gérer, vous pouvez améliorer votre confiance en vous et votre capacité à prendre des décisions éclairées sur les marchés financiers.

Peur de perdre de l'argent : Vous pouvez ressentir cette peur, surtout après avoir subi des pertes récentes ou lorsque vous êtes dans une position perdante.

Peur de manquer une opportunité : Il est fréquent de craindre de rater une occasion de profit, ce qui peut vous pousser à prendre des décisions impulsives pour entrer sur le marché.

Peur de prendre des décisions : La peur de prendre des décisions peut vous paralyser, vous empêchant d'agir même lorsque les signaux de trading sont clairs.

Peur de ne pas être assez bon : Vous pourriez craindre de ne pas être suffisamment compétent ou talentueux pour réussir dans le trading, ce qui peut affecter votre confiance en vous et vos performances.

Peur de l'inconnu : Le marché financier peut être imprévisible, ce qui peut susciter votre peur de l'inconnu, surtout si vous avez du mal à anticiper les mouvements futurs des prix.

Peur de ne pas être en contrôle : La nature volatil du marché peut vous donner l'impression de ne pas avoir le contrôle sur vos résultats, ce qui peut entraîner de l'anxiété et du stress.

Peur de l'échec : Vous pourriez craindre de ne pas réussir, ce qui peut vous empêcher de prendre des risques calculés ou de sortir de votre zone de confort.

Peur de se tromper : Vous pourriez avoir peur de prendre des décisions incorrectes ou de commettre des erreurs qui pourraient vous coûter cher.

Peur de perdre sa réputation : Vous pouvez craindre que vos performances sur le marché financier aient un impact négatif sur votre réputation professionnelle ou personnelle.

Peur de l'insécurité financière : La peur de ne pas être capable de subvenir à vos besoins financiers ou de perdre votre capital investi peut être un facteur de stress important.

6.2 : Gestion du Stress et de l'Anxiété liés au Trading

Dans ce chapitre, nous aborderons l'aspect crucial de la gestion du stress et de l'anxiété associés au trading. Le trading peut être une activité hautement stressante et émotionnelle, et il est essentiel de développer des stratégies pour faire face à ces défis. Voici quelques points clés que nous explorerons :

Comprendre les Causes du Stress :

Comprendre les causes du stress est la première étape essentielle pour apprendre à le gérer efficacement dans le contexte du trading. Voici un examen détaillé des principales sources de stress auxquelles les traders sont confrontés :

Pression Financière :

La pression financière est l'une des principales sources de stress pour de nombreux traders. L'idée de risquer son capital durement gagné sur le marché peut générer de l'anxiété, en particulier lorsque les résultats ne sont pas conformes aux attentes.

Volatilité du Marché :
La volatilité du marché peut également être une source majeure de stress. Les marchés financiers peuvent être imprévisibles et connaître des mouvements soudains et dramatiques, ce qui peut provoquer de l'anxiété chez les traders qui craignent de subir des pertes importantes.

Peur de l'Échec :
La peur de l'échec est un autre facteur de stress commun chez les traders. La crainte de prendre des décisions erronées ou de subir des pertes peut entraîner une paralysie et des hésitations, ce qui peut nuire à la performance de trading.

Sentiment de Perte de Contrôle :
Le sentiment de perte de contrôle est une autre source de stress importante. Les traders peuvent se sentir dépassés par les événements du marché et se retrouver à réagir de manière excessive ou irrationnelle, ce qui peut entraîner des erreurs coûteuses.

Facteurs Émotionnels :

Enfin, les facteurs émotionnels tels que l'anxiété, la colère, la frustration et l'impatience peuvent tous contribuer au stress chez les traders. Ces émotions peuvent être déclenchées par des pertes importantes, des périodes de stagnation sur le marché ou des événements inattendus.

Techniques de Gestion du Stress :

Pratique de la Respiration Profonde : La respiration profonde est l'une des techniques les plus simples et les plus efficaces pour réduire le stress. Les traders peuvent prendre quelques minutes avant et pendant la séance de trading pour se concentrer sur leur respiration, en inspirant lentement par le nez, en retenant leur souffle pendant quelques instants, puis en expirant lentement par la bouche. Cela peut aider à calmer le système nerveux et à réduire les niveaux de stress.

Exercice Physique Régulier : L'exercice physique régulier est un excellent moyen de réduire le stress et de promouvoir le bien-être général. Les traders peuvent intégrer des séances d'exercice dans leur routine quotidienne pour aider à libérer les tensions et à maintenir un état d'esprit positif. Cela peut inclure des activités telles que la marche, la course à pied, le yoga ou la méditation.

Gestion du Temps : Une mauvaise gestion du temps peut contribuer au stress chez les traders. Il est important d'établir une routine de trading structurée et de fixer des limites claires pour le temps passé devant les écrans. Les traders peuvent également planifier des pauses régulières pour se reposer et se détendre, ce qui peut aider à maintenir leur niveau d'énergie et leur concentration.

Techniques de Relaxation : Des techniques de relaxation telles que la méditation, la visualisation guidée et le yoga peuvent être extrêmement bénéfiques pour réduire le stress et favoriser la clarté mentale. Les traders peuvent intégrer ces pratiques dans leur routine quotidienne pour aider à calmer l'esprit et à rester concentrés pendant le trading.

Développement de Stratégies de Gestion des Émotions : Apprendre à reconnaître et à gérer les émotions est essentiel pour réduire le stress lié au trading. Les traders peuvent utiliser des techniques telles que la journalisation des émotions, la pratique de l'acceptation et de la pleine conscience, et le recours à un coach ou à un mentor pour les aider à développer des stratégies efficaces pour gérer les hauts et les bas émotionnels du trading.

Établissement d'Objectifs Réalistes : Fixer des objectifs réalistes et réalisables peut aider à réduire le stress en éliminant la pression excessive de performer. Les traders peuvent se concentrer sur l'amélioration continue de leurs compétences et de leur discipline, plutôt que de se fixer des objectifs de profit irréalistes ou inatteignables.

Élaboration d'un Plan de Gestion du Stress :

Identification des Sources de Stress : La première étape consiste à identifier les sources de stress spécifiques liées au trading. Il peut s'agir de la volatilité des marchés, des pertes financières, des pressions pour performer, ou encore des conditions de marché imprévisibles. Prendre conscience de ces facteurs de stress permet de mieux les comprendre et de développer des stratégies adaptées pour les gérer. Certains points ont déjà été cités dans ce livre mais nous souhaitions les rassembler :

Établissement d'Objectifs Réalistes : Fixer des objectifs de trading réalistes et réalisables est crucial pour réduire le stress. Les traders doivent se concentrer sur des objectifs mesurables et atteignables, en évitant de se fixer des attentes irréalistes ou de rechercher des gains excessifs à court terme. En ayant des objectifs clairs, les traders peuvent mieux gérer la pression et rester concentrés sur leur plan de trading à long terme.

Développement de Techniques de Gestion du Stress : Une fois les sources de stress identifiées, les traders peuvent commencer à développer des techniques de gestion du stress adaptées à leurs besoins individuels. Cela peut inclure des stratégies telles que la respiration profonde, la méditation, le yoga, l'exercice physique régulier, ou encore la visualisation guidée. L'objectif est de trouver des activités qui aident à calmer l'esprit et à réduire les niveaux de stress.

Création d'une Routine de Bien-Être : Intégrer des pratiques de bien-être dans la routine quotidienne est essentiel pour maintenir un équilibre mental et émotionnel. Les traders peuvent planifier des moments dédiés à la relaxation, à l'exercice physique, à la méditation ou à d'autres activités apaisantes tout au long de la journée. Une routine équilibrée peut aider à réduire le stress et à favoriser un état d'esprit positif.

Utilisation de Techniques de Gestion des Émotions : Apprendre à reconnaître et à gérer les émotions est une compétence cruciale pour réduire le stress lié au trading. Les traders peuvent utiliser des techniques telles que la journalisation des émotions, la pratique de l'acceptation et de la pleine conscience, et le recours à un coach ou à un mentor pour les aider à développer des stratégies efficaces pour gérer les hauts et les bas émotionnels du trading.

Adaptabilité et Flexibilité : Enfin, il est important d'être flexible et adaptable dans sa gestion du stress. Les conditions de marché peuvent changer rapidement, et les traders doivent être prêts à ajuster leur plan de gestion du stress en conséquence. Cela peut impliquer de tester différentes techniques et de voir ce qui fonctionne le mieux dans différentes situations de trading.

Adopter une Perspective à Long Terme : Adopter une perspective à long terme est crucial pour les traders qui cherchent à gérer efficacement leur stress et à maintenir leur bien-être mental et émotionnel. Cette approche implique de prendre du recul par rapport aux fluctuations quotidiennes du marché et de se concentrer sur les objectifs à plus long terme.

Pour les passionnés de trading, il est parfois tentant de se laisser emporter par les mouvements rapides du marché et de réagir de manière excessive aux fluctuations des prix. Cependant, cela peut entraîner du stress et de l'anxiété, car les traders peuvent se sentir constamment sous pression pour prendre des décisions impulsives.

En adoptant une perspective à long terme, les traders peuvent réduire ce stress en se concentrant sur des facteurs plus fondamentaux et en évitant de se laisser distraire par les fluctuations à court terme. Cela leur permet de prendre des décisions plus réfléchies et mieux informées, en tenant compte de l'évolution à long terme du marché plutôt que des mouvements ponctuels.

De plus, une perspective à long terme permet aux traders de mieux gérer les hauts et les bas émotionnels qui accompagnent souvent le trading. Plutôt que de réagir de manière excessive aux pertes ou aux gains temporaires, les traders peuvent maintenir une vision d'ensemble et rester concentrés sur leurs objectifs à plus long terme.

En fin de compte, adopter une perspective à long terme permet aux passionnés de trading de mieux gérer leur stress, de prendre des décisions plus éclairées et de maintenir une approche plus stable et cohérente dans leur pratique du trading. Cela contribue non seulement à leur bien-être mental et émotionnel, mais aussi à leur succès à long terme sur les marchés financiers.

Gestion de l'Anxiété liée aux Performances :

La gestion de l'anxiété liée aux performances est un aspect crucial du trading, car elle peut considérablement influencer vos décisions et résultats financiers. En tant que trader passionné, vous pouvez vous retrouver confronté à différentes formes d'anxiété, souvent déclenchées par divers facteurs.

La peur de perdre de l'argent est l'une des principales sources d'anxiété pour les traders. Cette appréhension peut être exacerbée par la pression de générer des profits réguliers et de surpasser le marché. Vous pourriez ressentir une tension constante à l'idée de prendre des décisions de trading, redoutant les erreurs qui pourraient entraîner des pertes financières importantes.

La comparaison avec d'autres traders peut également susciter de l'anxiété. Vous pourriez vous sentir stressé et démoralisé si vous avez l'impression de ne pas être aussi performant que vos pairs. Cette pression sociale peut vous pousser à des comportements irrationnels et à des décisions impulsives dans le but de vous comparer favorablement aux autres.

De plus, le manque de confiance en vos compétences et en votre capacité à prendre des décisions de trading judicieuses peut renforcer l'anxiété liée aux performances. Les doutes et l'incertitude peuvent vous submerger, compromettant votre capacité à rester concentré et à suivre votre plan de trading.

Pour gérer efficacement cette anxiété, il est essentiel de mettre en place des stratégies de gestion du stress et de l'anxiété. Cela peut inclure des techniques de relaxation telles que la respiration profonde et la méditation, ainsi que des méthodes de gestion de l'anxiété comme la visualisation positive et la répétition de mantras encourageants.

De plus, établir des routines de préparation mentale avant de trader peut vous aider à vous sentir plus confiant et calme. Des exercices de visualisation de succès et des pratiques de pleine conscience peuvent vous aider à rester présent et concentré pendant vos sessions de trading.

En adoptant une approche proactive de la gestion de l'anxiété liée aux performances, vous pouvez améliorer votre bien-être mental et émotionnel, ce qui aura un impact positif sur vos résultats de trading.

Chapitre 7 : Études de Cas et Exemples Pratiques

7.1 Analyses de Trades Réels avec des Entrées et Sorties Expliquées

Exemple 1 : Trade sur la paire EUR/USD

Dans cet exemple, je vais vous plonger dans une analyse détaillée d'un trade sur la paire de devises EUR/USD, mettant en lumière les différentes étapes de ma décision de trading.

Contexte : Le marché de l'EUR/USD présente une tendance haussière soutenue suite à des données économiques favorables de la zone euro, notamment des rapports de croissance solides et des indicateurs économiques encourageants. La paire a récemment franchi des niveaux de résistance clés et se trouve actuellement dans une phase de consolidation près de ses plus hauts récents.

Point d'Entrée : Après avoir observé la force persistante de la tendance haussière de l'EUR/USD, j'ai décidé d'entrer en position longue (achat) dès que la paire a franchi la résistance majeure à 1,1500. Ce niveau était significatif car il avait agi à plusieurs reprises comme une barrière psychologique pour les traders et représentait un seuil important à surveiller.

Analyse Technique : Avant de prendre ma décision, j'ai effectué une analyse approfondie des graphiques de prix, en utilisant une combinaison de chandeliers japonais, de lignes de tendance et d'indicateurs techniques tels que le RSI et le MACD. J'ai également tenu compte du contexte plus large du marché, y compris les développements économiques et politiques qui pourraient influencer la paire de devises.

Gestion du Trade : Une fois que j'ai pris position, j'ai immédiatement mis en place un ordre stop-loss juste en dessous du dernier plus bas significatif, ce qui m'a permis de limiter mes pertes en cas de retournement soudain du marché. J'ai également établi un objectif de profit initial basé sur une analyse des niveaux de résistance potentiels à court terme.

Surveillance Active : Après avoir ouvert ma position, j'ai surveillé activement l'évolution du marché, ajustant mes ordres stop-loss et take-profit en fonction des nouveaux développements. J'ai également gardé un œil sur les annonces économiques à venir et les événements susceptibles d'avoir un impact sur la paire EUR/USD.

Point de Sortie : J'ai pris mes bénéfices lorsque la paire a atteint la résistance suivante à 1,1650, ce qui correspondait à mon objectif de profit prédéterminé. En prenant une approche disciplinée et en suivant mon plan de trading, j'ai pu sécuriser un gain satisfaisant tout en limitant mes risques.

Conclusion : Ce trade sur l'EUR/USD illustre l'importance d'une analyse approfondie, d'une gestion efficace des risques et d'une discipline rigoureuse dans le trading basé sur l'action des prix. En comprenant les tenants et aboutissants du marché et en utilisant des stratégies éprouvées, les traders peuvent augmenter leurs chances de succès et atteindre leurs objectifs de trading à long terme.

Exemple 2 : Trading sur une Cassure de Niveau de Support sur l'EUR/USD

Contexte : Le marché des changes est caractérisé par une forte volatilité en raison des annonces économiques importantes, notamment les décisions de politique monétaire de la Réserve fédérale américaine et de la Banque centrale européenne. L'EUR/USD est l'une des paires de devises les plus populaires et réactives aux événements économiques.

Point d'Entrée : Après avoir observé une consolidation prolongée autour d'un niveau de support majeur à 1,1700, j'ai décidé d'entrer en position longue sur l'EUR/USD à la suite d'une cassure haussière convaincante au-dessus de ce niveau clé. La cassure a été confirmée par une augmentation du volume des échanges, ce qui indiquait un regain d'intérêt des acheteurs.

Analyse Technique : J'ai utilisé une combinaison d'indicateurs techniques tels que les moyennes mobiles exponentielles et le MACD pour confirmer ma décision d'entrée. De plus, j'ai surveillé les niveaux de Fibonacci pour identifier des zones potentielles de résistance future où prendre des bénéfices.

Gestion du Trade : Une fois en position, j'ai placé un ordre stop-loss juste en dessous du niveau de support récemment cassé pour limiter les pertes en cas de retournement du marché. J'ai également établi un objectif de profit initial basé sur un ratio risque/rendement attractif, en visant une zone de résistance près de 1,1900.

Surveillance Active : J'ai suivi de près l'évolution du marché de l'EUR/USD, en ajustant mes ordres en fonction des nouvelles informations et des mouvements des autres paires de devises majeures. J'ai également pris en compte les annonces économiques à venir, telles que les chiffres de l'inflation et les décisions de taux d'intérêt, qui pourraient influencer la direction du marché.

Point de Sortie : J'ai décidé de sortir de ma position lorsque l'EUR/USD a atteint la zone de résistance prévue près de 1,1900, où j'ai pris des bénéfices partiels. J'ai également déplacé mon ordre stop-loss à un niveau de breakeven pour protéger mes gains restants en cas de retournement du marché.

Conclusion : Ce trade sur l'EUR/USD illustre l'importance de repérer les niveaux de support et de résistance clés et d'utiliser les cassures de ces niveaux pour identifier des opportunités de trading potentielles. En adoptant une approche disciplinée et en utilisant une analyse technique solide, les traders peuvent capitaliser sur les mouvements directionnels du marché des changes et atteindre leurs objectifs de trading.

Exemple 3 : Gestion de Perte sur une Cassure Fausse du Niveau de Résistance sur l'USD/JPY

Contexte : Le marché des devises est sujet à des mouvements imprévisibles, et même avec une analyse minutieuse, il est possible de subir des pertes. Cet exemple illustre la gestion d'une perte sur une cassure fausse d'un niveau de résistance majeur sur la paire USD/JPY.

Point d'Entrée : Après avoir observé une forte hausse de l'USD/JPY et une cassure apparente d'un niveau de résistance clé à 110,50, j'ai décidé d'entrer en position longue, anticipant une poursuite de la tendance haussière. La cassure semblait être soutenue par un momentum haussier et une augmentation du volume des échanges.

Analyse Technique : J'ai utilisé des indicateurs techniques tels que le RSI et le MACD pour confirmer ma décision d'entrée, qui semblait prometteuse compte tenu du contexte économique favorable aux États-Unis. Cependant, j'ai omis de prendre en compte les signes de divergence et de surachat sur ces indicateurs.

Gestion du Trade : Malheureusement, peu de temps après avoir ouvert ma position longue, le marché a inversé sa direction et a rejeté la cassure du niveau de résistance. Face à cette situation, j'ai rapidement réagi en plaçant un ordre stop-loss serré juste en dessous du point d'entrée initial pour limiter mes pertes en cas de retournement brusque du marché.

Surveillance Active : J'ai surveillé attentivement l'évolution du marché de l'USD/JPY et j'ai réévalué ma position en fonction des nouveaux développements. Bien que mon analyse initiale ait indiqué une opportunité de trading favorable, j'ai rapidement reconnu l'invalidation de cette perspective et j'ai agi en conséquence pour minimiser les pertes.

Point de Sortie : Lorsque l'USD/JPY a continué de baisser et a franchi mon niveau de stop-loss, j'ai accepté la perte et clôturé ma position conformément à ma stratégie de gestion des risques. Bien que cela ait entraîné une perte financière, j'ai reconnu l'importance de respecter mes règles de trading et de préserver mon capital pour pouvoir continuer à trader.

Conclusion : Cet exemple démontre l'importance de la gestion des risques et de la réactivité face aux changements rapides sur les marchés financiers. Même avec une analyse technique solide, il est possible de subir des pertes, mais en appliquant une discipline rigoureuse et en gérant activement ses positions, les traders peuvent atténuer les pertes et maintenir une perspective à long terme dans leur approche de trading.

- ## 7.2 Réflexions sur les Décisions Prises et les Résultats Obtenu

Dans cette section nous plongeons dans une introspection critique des décisions prises lors de nos trades et des résultats qui en ont découlé. Cette réflexion est essentielle pour évaluer notre performance, identifier nos forces et nos faiblesses, et améliorer notre approche du trading.

En tant que traders, il est crucial de prendre du recul après chaque transaction, que ce soit une réussite ou un échec, afin de comprendre les raisons derrière nos actions et les conséquences de ces actions sur nos résultats. Cette analyse rétrospective peut nous aider à mieux comprendre nos comportements et nos schémas de pensée, ce qui peut ensuite informer nos décisions futures.

Lors de la réflexion sur nos décisions, nous devrions nous poser quelques questions clés :

Objectif initial : Quel était mon objectif en prenant cette position ? Était-ce réaliste et bien défini ?

Analyse préalable : Ai-je effectué une analyse approfondie du marché avant de prendre ma décision ? Ai-je pris en compte tous les facteurs pertinents ?

Gestion des risques : Ai-je mis en place des mesures de gestion des risques adéquates, telles que des ordres stop-loss et take-profit ? Ai-je respecté mes règles de gestion des risques ?

Émotion et discipline : Ai-je laissé mes émotions influencer mes décisions de trading ? Ai-je respecté ma stratégie de trading et maintenu ma discipline, même lorsque les choses ne se passaient pas comme prévu ?

Apprentissage continu : Qu'ai-je appris de cette expérience ? Quelles sont les leçons que je peux tirer pour m'améliorer en tant que trader à l'avenir ?

En répondant honnêtement à ces questions et en analysant de manière critique nos décisions et nos résultats, nous pouvons progresser en tant que traders. Cela nous permet d'identifier ce qui fonctionne bien et ce qui peut être amélioré, afin de développer une approche plus efficace et plus cohérente du trading basé sur l'action des prix.

En fin de compte, la réflexion sur nos décisions et nos résultats est une composante essentielle de notre développement en tant que traders. Cela nous aide à devenir plus conscients de nos comportements et de nos habitudes de trading, ce qui peut conduire à une amélioration constante de nos performances sur les marchés financiers.

Chapitre 8 : Techniques Avancées de Trading Basées sur l'Action des Prix

8.1 Utilisation de la Corrélation entre les Marchés pour Renforcer les Signaux de Trading

Les corrélations entre les marchés financiers peuvent fournir aux traders des informations précieuses pour renforcer leurs stratégies de trading basées sur l'action des prix. Comprendre et exploiter ces relations inter-marchés peut aider les traders à anticiper les mouvements des prix et à prendre des décisions de trading plus éclairées. Voici quelques points clés à considérer :

Identification des Corrélations :

Comme déjà évoqué, commencez par identifier les corrélations entre différents actifs financiers, tels que les devises, les actions, les matières premières et les indices. Les corrélations peuvent être positives, négatives ou neutres, et elles peuvent varier en fonction des conditions du marché et des événements économiques.

Analyse des Facteurs de Corrélation :

Analysez les facteurs qui influent sur les corrélations entre les marchés, tels que les politiques monétaires des banques centrales, les indicateurs économiques clés, les mouvements géopolitiques et les conditions macroéconomiques mondiales. Comprendre ces facteurs peut aider à anticiper les changements de corrélation et à ajuster ses stratégies en conséquence.

Utilisation des Corrélations comme Indicateurs de Confirmation :

Les corrélations entre les marchés peuvent servir d'indicateurs de confirmation pour les signaux de trading. Par exemple, si deux actifs sont fortement corrélés et que l'un d'eux montre un signal d'achat clair, cela peut renforcer la validité du signal pour l'autre actif.

Diversification du Risque :

Les corrélations entre les actifs peuvent également être utilisées pour diversifier le risque dans un portefeuille de trading. En choisissant des actifs dont les corrélations sont faibles ou négatives, les traders peuvent réduire leur exposition au risque spécifique à un marché et protéger leur capital contre les fluctuations imprévues.

Gestion du Risque :

Comme pour toute stratégie de trading, la gestion du risque reste cruciale lors de l'utilisation de la corrélation entre les marchés. Il est important de diversifier les positions et de ne pas surexposer son portefeuille à une seule corrélation. De plus, les traders doivent toujours utiliser des ordres stop-loss pour limiter les pertes en cas de mouvements inattendus sur le marché.

En conclusion, l'utilisation de la corrélation entre les marchés peut être un outil puissant pour renforcer les signaux de trading et identifier des opportunités lucratives. Cependant, cela nécessite une compréhension approfondie des relations entre les différents marchés et une gestion prudente du risque.

8.2 Trading à Court Terme vs Trading à Long Terme : Comparaison des Stratégies

Dans ce sous-chapitre, nous allons explorer les différences entre le trading à court terme et le trading à long terme, en mettant en évidence les avantages et les inconvénients de chaque approche.

Trading à Court Terme :

Le trading à court terme implique l'ouverture et la fermeture de positions dans un laps de temps relativement court, allant de quelques minutes à quelques jours. Les traders à court terme sont souvent à la recherche de mouvements de prix à court terme et exploitent la volatilité du marché pour réaliser des profits rapides.

Avantages :

> Opportunités Fréquentes :
> Le trading à court terme offre de nombreuses occasions de réaliser des profits, car les traders peuvent exploiter les fluctuations quotidiennes des prix sur les marchés financiers.
>
> Liquidité Élevée :
> Les actifs négociés à court terme, tels que les paires de devises majeures ou les actions très liquides, offrent une liquidité élevée, permettant aux traders d'entrer et de sortir facilement de leurs positions.
>
> Moins de Risque de Retournement :
> Les traders à court terme sont moins exposés aux risques liés aux événements macroéconomiques à long terme, car leurs positions sont généralement de courte durée.

Inconvénients :

> Frais de Transaction :
> Le trading à court terme peut être coûteux en raison des frais de transaction plus fréquents, tels que les commissions de courtage et les écarts (spreads) entre les prix d'achat et de vente.

Stress Élevé :
La nature rapide du trading à court terme peut entraîner un stress élevé, car les traders doivent surveiller constamment les marchés et prendre des décisions rapides.

Sensibilité aux Bruits du Marché :
Les traders à court terme sont souvent plus sensibles aux bruits du marché, tels que les rumeurs et les annonces économiques, ce qui peut entraîner une volatilité accrue et des mouvements de prix erratiques.

<u>Trading à Long Terme</u> :

Le trading à long terme implique de détenir des positions pendant des semaines, des mois, voire des années, dans l'espoir de réaliser des gains importants à long terme. Les traders à long terme adoptent une approche plus patiente et recherchent des tendances durables sur les marchés.

Avantages :

Moins de Stress :
Les traders à long terme sont moins soumis au stress quotidien du trading, car ils n'ont pas besoin de surveiller constamment les marchés et peuvent prendre des décisions plus réfléchies.

Frais de Transaction Réduits :
Étant donné que les traders à long terme effectuent moins de transactions, ils peuvent réduire leurs frais de transaction totaux, ce qui peut être un avantage financier à long terme.

Exploitation des Tendances Majeures :
Le trading à long terme permet aux traders de profiter des tendances majeures sur les marchés, ce qui peut conduire à des gains importants lorsque ces tendances se matérialisent.

Inconvénients :

Moins d'Opportunités :
Le trading à long terme offre moins d'opportunités de trading par rapport au trading à court terme, car les mouvements de prix à long terme sont moins fréquents.

Exposition aux Risques Macroéconomiques :
Les traders à long terme sont plus exposés aux risques liés aux événements macroéconomiques à long terme, tels que les changements politiques et les fluctuations économiques.

Tendance à Maintenir les Pertes :
Les traders à long terme peuvent avoir tendance à maintenir des pertes plus longtemps dans l'espoir que le marché se retourne en leur faveur, ce qui peut entraîner des pertes importantes si la tendance persiste.

En conclusion, le choix entre le trading à court terme et le trading à long terme dépend des préférences personnelles du trader, de son style de vie, de son niveau de tolérance au risque et de ses objectifs financiers. Il n'y a pas de bonne ou de mauvaise approche, mais il est essentiel que chaque trader comprenne les caractéristiques et les exigences de chaque style de trading avant de prendre des décisions d'investissement.

Chapitre 9 : Automatisation du Trading Basé sur l'Action des Prix

9.1 Introduction aux Systèmes de Trading Automatisés

L'introduction des systèmes de trading automatisés marque une évolution majeure dans le monde du trading basé sur l'action des prix.

Ces systèmes, également connus sous le nom de robots de trading ou algorithmes de trading, utilisent des algorithmes informatiques pour exécuter des transactions sur les marchés financiers sans intervention humaine directe. Cette automatisation offre de nombreux avantages aux traders, mais présente également des défis uniques à prendre en compte.

Avantages des Systèmes de Trading Automatisés :

Exécution Rapide et Précise : Les systèmes automatisés peuvent exécuter des ordres de manière instantanée et précise, ce qui permet de saisir rapidement les opportunités de trading et de minimiser les retards dus aux fluctuations du marché.

Élimination de l'Aspect Émotionnel : En éliminant l'aspect émotionnel du processus de prise de décision, les systèmes automatisés peuvent aider à éviter les erreurs humaines courantes telles que le trading impulsif ou fondé sur des sentiments.

Capacité à Gérer Plusieurs Marchés et Instruments : Les robots de trading peuvent surveiller et négocier sur plusieurs marchés et instruments simultanément, ce qui permet aux traders d'explorer un large éventail d'opportunités de trading sans être limités par leur propre capacité à suivre les marchés.

Backtesting et Optimisation Facilités : Les systèmes automatisés permettent aux traders de backtester et d'optimiser leurs stratégies de manière efficace, en utilisant des données historiques pour évaluer les performances passées et ajuster les paramètres du système.

Possibilité de Trading 24h/24 : Grâce à l'automatisation, les traders peuvent surveiller et négocier sur les marchés 24h/24, ce qui leur permet de saisir des opportunités même en dehors des heures de trading traditionnelles.

Cependant, l'automatisation du trading présente également des défis :

Dépendance à l'Égard de la Technologie : Les systèmes automatisés sont tributaires de la fiabilité de la technologie et peuvent être vulnérables aux pannes informatiques, aux pannes d'Internet ou aux erreurs de programmation.

Risque de Sur-Optimisation : Il est possible de sur-optimiser un système automatisé en ajustant excessivement ses paramètres pour correspondre aux données historiques, ce qui peut entraîner une performance décevante dans des conditions de marché réelles.

Nécessité d'une Surveillance Continue : Bien que les systèmes automatisés puissent fonctionner de manière autonome, ils nécessitent une surveillance continue pour s'assurer qu'ils fonctionnent conformément aux attentes et pour intervenir en cas de besoin.

Complexité des Marchés Dynamiques : Les marchés financiers sont dynamiques et imprévisibles, ce qui rend difficile pour les systèmes automatisés de s'adapter rapidement à des changements inattendus ou à des événements imprévus.

L'automatisation du trading basé sur l'action des prix offre aux traders la possibilité d'améliorer l'efficacité, la rapidité et la précision de leurs opérations. Cependant, il est important de comprendre les avantages et les défis associés à cette approche, ainsi que de rester vigilant quant à la surveillance et à la gestion des systèmes automatisés pour garantir des résultats optimaux sur les marchés financiers.

9.2 Développement de Stratégies de Trading Algorithmiques

Dans cette section, nous plongerons dans le monde fascinant du développement de stratégies de trading algorithmiques. Les stratégies de trading algorithmiques, souvent désignées sous le terme de « trading automatisé » ou « trading algorithmique », sont des programmes informatiques conçus pour exécuter automatiquement des opérations d'achat ou de vente sur les marchés financiers en fonction de règles prédéfinies.

Conception des Stratégies :

La première étape dans le développement d'une stratégie algorithmique est la conception. Les traders doivent définir clairement les objectifs de leur stratégie, qu'il s'agisse de générer des bénéfices réguliers, de réduire les pertes ou de profiter de certaines conditions de marché. Ensuite, ils identifient les paramètres clés à intégrer dans le programme, tels que les indicateurs techniques, les modèles de prix ou les événements fondamentaux, qui serviront de base à la prise de décision automatisée.

Programmation et Tests :

Une fois la conception établie, les traders passent à la phase de programmation. Ils traduisent leurs règles de trading en code informatique, souvent en utilisant des langages de programmation comme Python, C++ ou MQL4/5. Pendant cette phase, il est essentiel de prendre en compte des aspects tels que la gestion des données, la connectivité au marché et la sécurité du système.

Une fois le programme écrit, les traders effectuent des tests rigoureux pour évaluer ses performances. Cela implique souvent l'utilisation de données historiques pour simuler le comportement du programme dans des conditions de marché réelles. Ces tests permettent d'identifier les forces et les faiblesses de la stratégie et d'apporter les ajustements nécessaires.

Optimisation et Validation :

Après les tests initiaux, les traders procèdent à l'optimisation de la stratégie. Cela peut inclure l'ajustement des paramètres, l'exploration de nouvelles idées ou l'incorporation de techniques avancées d'apprentissage automatique pour améliorer les performances. Une fois l'optimisation terminée, la stratégie est soumise à une validation supplémentaire pour confirmer sa robustesse dans des conditions de marché variées.

Implémentation en Temps Réel :

Une fois la stratégie développée, testée et validée, elle est prête à être mise en œuvre en temps réel sur les marchés financiers. Les traders doivent choisir une plateforme de trading appropriée et s'assurer que leur système est capable de fonctionner de manière fiable et sécurisée dans un environnement de trading en direct.

Surveillance et Maintenance :

Enfin, une fois que la stratégie est opérationnelle, les traders doivent surveiller attentivement ses performances et effectuer des ajustements si nécessaire. Cela peut inclure des mises à jour du code, des modifications des paramètres ou des adaptations aux nouvelles conditions de marché. La surveillance continue est essentielle pour garantir que la stratégie reste efficace et adaptée aux évolutions du marché.

En résumé, le développement de stratégies de trading algorithmiques est un processus complexe mais potentiellement lucratif pour les traders. En combinant une compréhension approfondie des marchés financiers avec des compétences en programmation et en analyse des données, les traders peuvent créer des systèmes automatisés qui exploitent efficacement les opportunités de trading et minimisent les risques.

9.3 Backtesting et Optimisation des Stratégies Automatisées

Le backtesting, ou test rétrospectif, est une étape cruciale dans le développement de stratégies de trading algorithmiques. Il consiste à évaluer les performances d'une stratégie en utilisant des données historiques pour simuler son comportement dans des conditions de marché passées.

Voici les principaux aspects du backtesting et de l'optimisation des stratégies automatisées :

Collecte et Préparation des Données :

La première étape du processus de backtesting consiste à collecter et préparer les données historiques nécessaires. Cela inclut les données de prix, telles que les cours d'ouverture, de clôture, les plus hauts et les plus bas, ainsi que d'autres données pertinentes comme le volume des échanges. Il est essentiel de disposer de données de haute qualité et bien nettoyées pour des résultats précis.

Définition des Règles de Trading :

Une fois les données préparées, les traders définissent les règles de trading qui seront testées. Cela comprend les indicateurs techniques, les conditions d'entrée et de sortie du marché, les critères de gestion des risques, etc. Les règles doivent être clairement définies et non ambiguës pour garantir des résultats fiables lors du backtesting.

Exécution du Backtesting :

Après avoir défini les règles de trading, le backtesting est exécuté en appliquant ces règles aux données historiques pour simuler les transactions. Les performances de la stratégie sont mesurées en fonction de divers indicateurs, tels que le rendement, le drawdown, le ratio de Sharpe, etc. Les traders peuvent ainsi évaluer l'efficacité de la stratégie dans différentes conditions de marché.

Analyse des Résultats :

Une fois le backtesting terminé, les résultats sont analysés en détail pour identifier les forces et les faiblesses de la stratégie. Les traders examinent les rendements globaux, les périodes de gain et de perte, les ratios de risque/rendement, ainsi que d'autres métriques pertinentes. Cela permet de déterminer si la stratégie est viable et mérite d'être poursuivie.

Optimisation de la Stratégie :

En fonction des résultats du backtesting, les traders peuvent optimiser leur stratégie en apportant des ajustements aux paramètres ou aux règles de trading. Cela peut impliquer des modifications pour améliorer les performances, réduire les risques ou s'adapter à de nouvelles conditions de marché. L'optimisation est un processus itératif qui vise à maximiser les rendements tout en minimisant les pertes potentielles.

Validation et Sensibilité aux Conditions de Marché :

Il est essentiel de valider les résultats du backtesting en les comparant avec des données en temps réel et en testant la stratégie dans des conditions de marché variées. Les traders doivent également évaluer la sensibilité de la stratégie aux changements de marché et s'assurer qu'elle reste robuste dans des environnements différents.

En conclusion, le backtesting et l'optimisation des stratégies automatisées sont des étapes essentielles pour garantir la fiabilité et la rentabilité des systèmes de trading algorithmiques.

9.4 Mise en Œuvre et Surveillance de Systèmes de Trading Automatisés

Une fois qu'une stratégie de trading automatisée a été développée, backtestée et optimisée, la prochaine étape cruciale est sa mise en œuvre et sa surveillance sur les marchés en temps réel. Voici les principaux aspects de la mise en œuvre et de la surveillance des systèmes de trading automatisés :

Choix de la Plateforme de Trading :

La première décision à prendre est le choix de la plateforme de trading sur laquelle le système automatisé sera exécuté. Il existe de nombreuses options disponibles, chacune avec ses propres fonctionnalités et capacités. Les traders doivent choisir une plateforme fiable, sécurisée et compatible avec leur stratégie de trading.

Configuration du Système :

Une fois la plateforme de trading sélectionnée, le système automatisé doit être configuré selon les règles de trading définies lors de l'étape de développement. Cela inclut la programmation des indicateurs, des conditions d'entrée et de sortie du marché, des paramètres de gestion des risques, etc. La configuration doit être réalisée avec précision pour garantir le bon fonctionnement du système.

Test en Conditions Réelles :

Avant de déployer le système sur des fonds réels, il est recommandé de le tester dans un environnement de trading simulé ou sur des données historiques récentes pour vérifier son bon fonctionnement. Cela permet de détecter d'éventuels problèmes ou erreurs de programmation avant qu'ils n'affectent les performances du système en direct.

Surveillance Continue :

Une fois le système en place, il est essentiel de le surveiller de près pour s'assurer qu'il fonctionne comme prévu. Les traders doivent surveiller les signaux générés par le système, les performances des transactions exécutées et tout autre indicateur pertinent. Cela permet de détecter rapidement les problèmes potentiels et d'apporter des ajustements si nécessaire.

Adaptation aux Conditions du Marché :

Les conditions du marché évoluent constamment, et les systèmes automatisés doivent être capables de s'adapter à ces changements. Les traders doivent surveiller les performances du système dans différents contextes de marché et être prêts à apporter des ajustements ou des modifications si nécessaire pour maintenir sa rentabilité.

Analyse des Performances :

Les traders doivent examiner régulièrement les performances de leur système automatisé en analysant les résultats des transactions passées. Cela implique de surveiller les indicateurs clés tels que le rendement total, le taux de réussite, le ratio risque/rendement, les pertes maximales, etc. L'analyse des performances permet d'évaluer l'efficacité du système et d'identifier les domaines qui nécessitent des améliorations.

Identification des Faiblesses :

En examinant les transactions perdantes ou les périodes de sous-performance, les traders peuvent identifier les faiblesses potentielles de leur système automatisé. Cela peut inclure des problèmes tels que des paramètres inappropriés, des conditions de marché défavorables ou des erreurs de programmation. L'identification de ces faiblesses est essentielle pour apporter des ajustements et améliorer les performances du système à l'avenir.

Optimisation Continue :

Sur la base des conclusions de l'analyse des performances, les traders doivent effectuer des ajustements et des optimisations continus de leur système automatisé. Cela peut impliquer la modification des paramètres de trading, l'ajout de filtres ou de règles supplémentaires, ou même la refonte complète du système si nécessaire. L'objectif est d'optimiser constamment le système pour s'adapter aux conditions changeantes du marché et maximiser sa rentabilité.

Utilisation de Données Externes :

En plus des données internes générées par le système de trading automatisé, les traders peuvent également tirer parti de données externes pour améliorer leurs performances. Cela peut inclure l'utilisation de données économiques, de rapports sectoriels, de nouvelles financières, ou même de données provenant d'autres systèmes de trading. L'incorporation de ces données externes peut fournir des perspectives supplémentaires et aider à affiner les stratégies de trading automatisées.

Gestion des Risques :

La gestion des risques reste une priorité absolue lors de l'utilisation de systèmes de trading automatisés. Les traders doivent définir des limites de risque claires, telles que des niveaux de stop-loss et de take-profit, et s'assurer que le système respecte ces limites en tout temps. Ils doivent également surveiller de près la taille des positions et la corrélation avec d'autres stratégies ou positions dans leur portefeuille global.

La mise en œuvre et la surveillance des systèmes de trading automatisés nécessitent une planification minutieuse, une configuration précise et une surveillance continue.

Chapitre 10 : Évolution et Adaptation dans un Environnement de Marché Changeant

10.1 Importance de l'Adaptabilité dans le Trading

Dans le domaine du trading, l'adaptabilité est une compétence cruciale qui permet aux traders de prospérer dans un environnement de marché en constante évolution. L'importance de l'adaptabilité réside dans la capacité à s'ajuster rapidement aux changements de conditions du marché, aux nouvelles informations et aux événements imprévus.

Dans ce chapitre, nous allons explorer en détail pourquoi l'adaptabilité est essentielle dans le trading et comment les traders peuvent développer cette qualité pour améliorer leur succès sur les marchés financiers.

Pourquoi l'Adaptabilité est Cruciale dans le Trading :

Volatilité des Marchés :

Les marchés financiers sont intrinsèquement volatils et sujets à des fluctuations rapides et imprévisibles. Les traders doivent être capables de s'adapter rapidement aux changements de prix et aux conditions du marché pour saisir les opportunités de trading et éviter les pertes potentielles.

Changements Économiques :

Les événements économiques mondiaux, tels que les annonces de taux d'intérêt, les rapports économiques et les développements politiques, peuvent avoir un impact significatif sur les marchés financiers. Les traders doivent être capables d'analyser rapidement ces événements et d'ajuster leurs stratégies en conséquence pour capitaliser sur les opportunités ou se protéger contre les risques.

Incertitude :

L'incertitude est une caractéristique inhérente aux marchés financiers, et les traders doivent être prêts à faire face à l'incertitude et à prendre des décisions dans des conditions d'information imparfaites. Être adaptable leur permet de rester flexibles et de s'adapter aux changements de sentiment du marché.

Technologie et Innovation :

L'avancement rapide de la technologie et l'innovation dans le domaine du trading peuvent également créer des changements rapides dans les méthodes de trading et les outils disponibles. Les traders doivent être ouverts aux nouvelles technologies et être prêts à les intégrer dans leurs stratégies de trading pour rester compétitifs sur le marché.

Comment Développer l'Adaptabilité dans le Trading :

> Éducation Continue : Les traders doivent s'engager dans une éducation continue pour rester informés des dernières tendances du marché, des développements économiques et des avancées technologiques. Cela leur permet de développer une compréhension approfondie des marchés et d'adapter leurs stratégies en conséquence.
>
> Flexibilité Mentale : Être mentalement flexible est essentiel pour s'adapter aux changements de conditions du marché et aux nouvelles informations. Les traders doivent être prêts à remettre en question leurs hypothèses, à ajuster leurs perspectives et à changer de direction si nécessaire.
>
> Gestion du Risque : Une gestion prudente du risque est un élément clé de l'adaptabilité dans le trading. Les traders doivent être prêts à réduire leur exposition au risque en cas de conditions de marché défavorables et à protéger leur capital contre les pertes potentielles.
>
> Analyse Réflexive : Les traders doivent régulièrement réfléchir à leurs performances passées, à leurs succès et à leurs échecs, et tirer des leçons de leurs expériences. Cela leur permet d'identifier les domaines dans lesquels ils peuvent s'améliorer et d'ajuster leurs stratégies en conséquence.

En développant leur adaptabilité, les traders peuvent mieux naviguer dans un environnement de marché en constante évolution et améliorer leur capacité à prendre des décisions éclairées et opportunes sur les marchés financiers.

10.2 Révision et Ajustement Continus des Stratégies de Trading

Dans le trading, la révision et l'ajustement continus des stratégies sont essentiels pour rester compétitif et réussir sur les marchés financiers. Les conditions du marché évoluent constamment, et les traders doivent être prêts à adapter leurs approches en conséquence pour maintenir leur avantage concurrentiel. Dans cette section, nous allons explorer en détail l'importance de la révision et de l'ajustement des stratégies de trading, ainsi que les meilleures pratiques pour y parvenir.

Importance de la Révision et de l'Ajustement Continus :

Adaptation aux Conditions du Marché :

Les marchés financiers sont dynamiques et sujets à des changements constants. Ce qui fonctionnait hier peut ne pas fonctionner aujourd'hui en raison de nouvelles tendances, de facteurs économiques ou de volatilité. La révision continue des stratégies permet aux traders de s'adapter rapidement à ces changements et de capitaliser sur de nouvelles opportunités.

Optimisation des Performances :

En révisant régulièrement leurs stratégies de trading, les traders peuvent identifier les aspects de leur approche qui fonctionnent bien et ceux qui pourraient être améliorés. Cela leur permet d'optimiser leurs performances en capitalisant sur leurs forces et en atténuant leurs faiblesses.

Gestion du Risque :

La révision des stratégies de trading permet également aux traders de mieux gérer le risque. En identifiant les domaines où le risque est trop élevé ou mal géré, les traders peuvent ajuster leurs stratégies pour réduire les pertes potentielles et protéger leur capital.

Anticipation des Changements :

En restant constamment à l'affût des changements sur les marchés financiers, les traders peuvent anticiper les tendances émergentes et ajuster leurs stratégies en conséquence. Cela leur donne un avantage concurrentiel en leur permettant de prendre des décisions éclairées avant que les tendances ne deviennent évidentes pour tous.

Meilleures Pratiques pour la Révision et l'Ajustement Continus :

Analyse des Performances :

Les traders doivent régulièrement analyser leurs performances passées pour identifier les tendances, les modèles et les zones d'amélioration. Cela peut être fait à l'aide de journaux de trading, de rapports d'analyse et de logiciels d'évaluation des performances.

Surveillance des Conditions du Marché :

La surveillance constante des conditions du marché est essentielle pour détecter les changements potentiels et ajuster les stratégies en conséquence. Les traders doivent être attentifs aux nouvelles économiques, aux événements politiques et aux mouvements de prix sur les marchés financiers.

Test et Validation :

Avant de mettre en œuvre des ajustements majeurs, les traders doivent tester et valider leurs nouvelles stratégies dans des conditions de marché simulées ou historiques. Cela leur permet de mesurer l'efficacité des ajustements proposés avant de les appliquer dans un environnement réel.

Flexibilité Mentale :

Les traders doivent être prêts à remettre en question leurs propres convictions et à ajuster leurs stratégies en fonction des nouvelles informations et des changements de conditions du marché. Cela nécessite une certaine flexibilité mentale et une ouverture à l'expérimentation.

En révisant et en ajustant continuellement leurs stratégies de trading, les traders peuvent rester en phase avec les marchés financiers en constante évolution et améliorer leurs chances de succès à long terme.

10.3 Stratégies pour Faire Face aux Événements Inattendus sur les Marchés

Dans le monde du trading, faire face aux événements inattendus sur les marchés est une compétence cruciale pour tout trader sérieux. Les marchés financiers sont souvent sujets à des événements imprévus tels que les annonces économiques, les développements politiques soudains ou les crises géopolitiques, qui peuvent entraîner une volatilité accrue et des mouvements de prix rapides.

Dans cette section, nous allons explorer des stratégies efficaces pour faire face à ces événements inattendus et naviguer avec succès à travers eux.

Stratégies pour Faire Face aux Événements Inattendus :

Maintenir la Calme et la Discipline : Lorsque des événements inattendus surviennent sur les marchés, il est essentiel de rester calme et discipliné. Réagir de manière émotionnelle peut entraîner des décisions impulsives et irrationnelles qui peuvent aggraver la situation. Gardez à l'esprit vos objectifs de trading et suivez votre plan de trading préétabli.

Gestion du Risque : La gestion du risque est d'une importance capitale lors de la gestion des événements inattendus. Utilisez des ordres stop-loss pour limiter les pertes potentielles et protéger votre capital. Assurez-vous également de diversifier votre portefeuille pour réduire l'impact d'un événement spécifique sur une seule position.

Surveillance Continue : Restez constamment à l'affût des nouvelles et des développements sur les marchés. Utilisez des sources d'information fiables et actualisées pour vous tenir au courant des événements qui pourraient avoir un impact sur vos positions. Soyez prêt à réagir rapidement si nécessaire.

Évaluation de l'Impact : Évaluez l'impact potentiel de l'événement sur vos positions et votre portefeuille dans son ensemble. Déterminez si l'événement est susceptible d'avoir un effet à court terme ou à long terme sur les marchés, et ajustez vos positions en conséquence.

Ajustement de la Stratégie : Si nécessaire, ajustez votre stratégie de trading pour tenir compte de la nouvelle situation sur les marchés. Cela peut impliquer de prendre des positions défensives, de réduire l'exposition au risque ou de rechercher de nouvelles opportunités de trading qui pourraient découler de l'événement.

Apprentissage et Adaptation : Profitez de chaque événement inattendu comme une occasion d'apprentissage et d'amélioration. Analysez vos décisions et leurs résultats, identifiez les leçons à tirer et utilisez-les pour affiner votre approche à l'avenir.

Communication avec d'Autres Traders : Échangez avec d'autres traders pour partager des idées, des perspectives et des stratégies pour faire face aux événements inattendus. La collaboration avec d'autres traders peut fournir un soutien et des conseils précieux dans des moments de turbulence sur les marchés.

En fin de compte, la capacité à faire face aux événements inattendus sur les marchés repose sur la préparation, la discipline et la capacité à rester agile et adaptable face à l'incertitude.

10.4 Planification à Long Terme pour la Durabilité du Trading

Dans le monde du trading, la planification à long terme est essentielle pour assurer la durabilité et la réussite continue dans le trading basé sur l'action des prix. Cette section se concentrera sur l'importance d'une planification stratégique à long terme et sur les éléments clés à prendre en compte pour assurer la durabilité du trading sur le long terme.

Planification à Long Terme pour la Durabilité du Trading :

Établissement d'Objectifs Clair et Réalistes : Tout commence par l'établissement d'objectifs clairs et réalistes. Définissez vos objectifs de trading à long terme en tenant compte de vos aspirations financières, de votre tolérance au risque et de vos compétences en trading. Ces objectifs doivent être spécifiques, mesurables, atteignables, pertinents et limités dans le temps (SMART).

Développement d'une Stratégie Solide : Construisez une stratégie de trading robuste et bien pensée qui s'aligne sur vos objectifs à long terme. Votre stratégie devrait inclure des règles claires pour l'entrée et la sortie de positions, des techniques de gestion du risque efficaces et des critères pour l'évaluation des performances.

Exemple de Stratégie Solide :

Objectif : Maximiser les profits en identifiant et en capturant les mouvements de prix à court terme sur le marché des devises.

Approche :

> *Analyse Technique : Utilisation d'une analyse approfondie des graphiques de prix, en se concentrant sur les modèles de chandeliers, les niveaux de support et de résistance, ainsi que les indicateurs techniques tels que les moyennes mobiles et les bandes de Bollinger.*

> *Identification des Tendances : Recherche de tendances à court terme en analysant les schémas de prix et en identifiant les niveaux clés où les prix ont historiquement rebondi ou cassé.*

> *Gestion du Risque : Utilisation d'ordres stop-loss pour limiter les pertes en cas de mouvements de prix défavorables, avec une gestion prudente de la taille de la position pour limiter l'exposition au risque.*

Gestion des Trades : Mise en place d'objectifs de profit clairs basés sur un ratio risque/rendement favorable. Utilisation de stop-loss dynamiques pour verrouiller les bénéfices lorsque le marché évolue en notre faveur.

Surveillance Continue : Surveillance continue des positions ouvertes pour détecter les signes de retournement de tendance ou de consolidation du marché. Ajustement des ordres stop-loss et des objectifs de profit en fonction des conditions du marché.

Évaluation des Performances : Analyse régulière des résultats de trading pour évaluer l'efficacité de la stratégie. Identification des points forts et des points faibles pour apporter des ajustements et améliorer la performance globale.

Diversification du Portefeuille : La diversification du portefeuille est cruciale pour réduire le risque et améliorer la durabilité du trading à long terme. Répartissez votre capital entre différents marchés, instruments financiers et stratégies de trading pour éviter une dépendance excessive à un seul actif ou à une seule source de revenu.

Gestion Prudente du Risque : Adoptez une approche prudente de la gestion du risque en utilisant des ordres stop-loss, des tailles de position appropriées et une allocation de capital judicieuse. Limitez votre exposition au risque sur chaque transaction et veillez à ne pas risquer plus que ce que vous pouvez vous permettre de perdre.

Formation Continue et Perfectionnement : Investissez dans votre développement professionnel en poursuivant une formation continue et en perfectionnant vos compétences en trading. Restez à jour sur les dernières tendances du marché, les techniques de trading avancées et les innovations technologiques dans le domaine du trading algorithmique.

Adaptabilité et Flexibilité : Restez adaptable et flexible face aux changements sur les marchés financiers. Les conditions du marché évoluent constamment, et la capacité à s'adapter rapidement aux nouvelles situations est essentielle pour maintenir la durabilité du trading à long terme.

Évaluation Régulière des Performances : Effectuez une évaluation régulière de vos performances de trading pour identifier les forces et les faiblesses de votre approche. Analysez vos trades, identifiez les erreurs récurrentes et apportez les ajustements nécessaires à votre stratégie pour améliorer vos résultats à long terme.

Gestion des Émotions : Apprenez à gérer vos émotions et à maintenir une mentalité disciplinée et orientée vers les objectifs. Évitez les décisions impulsives et émotionnelles qui peuvent compromettre vos résultats à long terme et restez concentré sur votre plan de trading.

En conclusion, la planification à long terme est la clé de la durabilité du trading basé sur l'action des prix. En établissant des objectifs clairs, en développant une stratégie solide, en gérant efficacement le risque et en restant adaptable aux changements du marché, les traders peuvent améliorer leurs chances de succès et maintenir une carrière durable dans le trading.

Chapitre 11 : Éducation Continue et Ressources pour les Traders

11.1 Importance de l'Apprentissage Continu dans le Trading

Dans votre parcours en tant que trader, que vous soyez débutant ou expérimenté, il est crucial de reconnaître l'importance de l'apprentissage continu. Les marchés financiers sont dynamiques et évoluent constamment, et pour rester au sommet de votre jeu, vous devez investir dans votre éducation de manière continue.

Pourquoi l'Apprentissage Continu est Crucial :

Évolution des Marchés : Les marchés sont influencés par une multitude de facteurs qui évoluent constamment. En restant informé des dernières tendances et développements, vous pouvez ajuster votre stratégie de trading en conséquence et prendre des décisions plus éclairées.

Adaptation aux Nouvelles Technologies : Les avancées technologiques transforment rapidement le paysage du trading. En restant à jour avec les dernières technologies et en apprenant à les utiliser efficacement, vous pouvez gagner un avantage concurrentiel sur le marché.

Amélioration des Compétences : Le trading est une compétence qui s'améliore avec la pratique et l'étude continue. En investissant dans votre développement personnel, vous pouvez affiner vos compétences en analyse technique, en gestion du risque et en psychologie du trading, ce qui peut conduire à de meilleurs résultats sur le long terme.

Réduction des Risques : Une connaissance approfondie des marchés et des compétences de trading solides peuvent vous aider à réduire votre exposition au risque et à éviter les pièges potentiels du marché. En apprenant continuellement, vous pouvez prendre des décisions plus éclairées et mieux protéger votre capital.

Stratégies pour un Apprentissage Continu Efficace :

Lecture : Explorez une variété de ressources, des livres aux articles en ligne, pour approfondir votre compréhension du trading. Choisissez des ouvrages écrits par des experts du secteur pour obtenir des perspectives précieuses et des conseils pratiques.

Formation en Ligne : Les cours en ligne et les webinaires offrent une flexibilité pour apprendre à votre propre rythme. Cherchez des programmes de formation dispensés par des professionnels de confiance et assurez-vous de rester à jour avec les dernières tendances du marché.

Pratique : Rien ne remplace l'expérience pratique. Utilisez des comptes de démonstration pour tester de nouvelles stratégies sans risquer de capital réel, puis passez à des comptes réels avec des montants modestes pour mettre vos connaissances en pratique.

Réseautage : Rejoignez des communautés de trading en ligne, des forums et des groupes de discussion pour échanger des idées et des expériences avec d'autres traders. Le partage de connaissances peut vous aider à élargir votre perspective et à découvrir de nouvelles opportunités de trading.

En conclusion, l'apprentissage continu est essentiel pour réussir dans le trading. En investissant dans votre éducation et en restant constamment informé, vous pouvez améliorer vos compétences, réduire vos risques et rester compétitif dans un environnement de marché en constante évolution.

11.2 Sources d'Information et de Formation pour les Traders

Pour les traders avides d'apprendre, il existe une multitude de sources d'information et de formation accessibles. Que vous soyez débutant ou expérimenté, trouver les bonnes ressources peut faire toute la différence dans votre parcours de trading. Voici quelques-unes des meilleures sources auxquelles vous pouvez accéder :

Livres spécialisés : Les ouvrages écrits par des experts du domaine offrent une mine d'informations précieuses sur divers aspects du trading, de l'analyse technique à la psychologie du marché.

Cours en ligne : Des plateformes d'apprentissage en ligne proposent une variété de cours sur le trading, allant des bases aux techniques avancées. Recherchez des cours dispensés par des professionnels de l'industrie et consultez les avis des étudiants pour trouver les programmes les mieux adaptés à vos besoins.

Webinaires et Séminaires : De nombreux courtiers et experts en trading organisent régulièrement des webinaires et des séminaires en ligne gratuits ou payants. Ces événements vous permettent d'apprendre des stratégies de trading éprouvées et de poser des questions directement aux présentateurs.

Forums de Trading : Les forums en ligne offrent des espaces pour discuter des dernières tendances du marché, partager des idées de trading et poser des questions à la communauté. Rejoindre ces forums peut vous permettre d'élargir votre réseau et de bénéficier des connaissances des autres traders.

Chaînes YouTube et Podcasts : De nombreux traders et experts partagent leurs connaissances et leurs conseils via des vidéos YouTube et des podcasts. Abonnez-vous à des chaînes de qualité et des podcasts pertinents pour rester informé des dernières tendances du marché et des meilleures pratiques de trading.

Mentorat : Travailler avec un mentor expérimenté peut accélérer votre apprentissage et vous fournir des conseils personnalisés pour améliorer vos compétences en trading. Cherchez des mentors qui ont une expérience réussie sur les marchés financiers et qui sont disposés à partager leurs connaissances.

En explorant ces différentes sources d'information et de formation, vous pouvez enrichir votre compréhension du trading et développer les compétences nécessaires pour réussir sur les marchés financiers. N'ayez pas peur d'explorer et de diversifier vos sources d'apprentissage pour obtenir une perspective plus large et plus approfondie.

11.3 Communautés de Trading et Réseaux de Support pour les Traders

Dans le monde du trading, faire partie d'une communauté active peut être extrêmement bénéfique pour votre développement en tant que trader. Les communautés de trading offrent un environnement où vous pouvez partager des idées, obtenir des conseils et bénéficier du soutien de pairs partageant les mêmes intérêts. Voici quelques raisons pour lesquelles vous devriez envisager de rejoindre une communauté de trading :

Échange d'Idées et de Stratégies : Les communautés de trading sont des endroits où les traders peuvent discuter des dernières tendances du marché, partager leurs analyses et échanger des idées de trading. Participer à ces discussions peut vous aider à découvrir de nouvelles stratégies et à améliorer votre propre approche du trading.

Soutien et Encouragement : Le trading peut parfois être solitaire et stressant. Faire partie d'une communauté vous donne accès à un réseau de soutien où vous pouvez partager vos succès, vos défis et vos frustrations avec d'autres traders qui comprennent ce que vous traversez. Recevoir des encouragements et des conseils peut vous aider à rester motivé et à surmonter les obstacles.

Apprentissage Continu : En interactant avec d'autres traders, vous pouvez continuer à apprendre et à vous perfectionner. Les membres de la communauté peuvent partager des ressources éducatives, recommander des livres ou des cours, et vous tenir informé des dernières nouvelles et des événements importants sur les marchés financiers.

Opportunités de Collaboration : Les communautés de trading peuvent également offrir des opportunités de collaboration et de partenariat. Vous pouvez trouver des personnes avec des intérêts et des objectifs similaires avec lesquelles vous pouvez travailler ensemble pour développer des stratégies de trading ou explorer de nouveaux marchés.

Responsabilité : En faisant partie d'une communauté, vous vous engagez à être responsable de vos actions envers vos pairs. Savoir que vous êtes responsable de rendre des comptes à d'autres traders peut vous aider à rester discipliné et à suivre votre plan de trading.

Trouver la bonne communauté de trading peut faire une énorme différence dans votre parcours de trading. Recherchez des communautés en ligne ou locales qui correspondent à vos intérêts et à votre style de trading, et n'hésitez pas à vous impliquer activement pour en tirer le meilleur parti.

11.4 Investissement dans des Programmes de Développement Professionnel

Investir dans des programmes de développement professionnel peut être une étape cruciale pour améliorer vos compétences en trading et renforcer votre succès sur les marchés financiers. Voici quelques raisons pour lesquelles vous devriez envisager de consacrer du temps et des ressources à votre développement professionnel :

Acquisition de Connaissances Spécialisées : Les programmes de développement professionnel sont conçus pour fournir une formation approfondie et spécialisée dans divers aspects du trading. Que vous soyez novice ou trader expérimenté, ces programmes peuvent vous aider à acquérir de nouvelles compétences, à approfondir votre compréhension des marchés et à rester à jour sur les dernières tendances et technologies.

Accès à des Experts et des Mentors : Les meilleurs programmes de développement professionnel sont animés par des experts de l'industrie qui possèdent une expérience pratique du trading. En participant à ces programmes, vous avez l'opportunité d'apprendre directement des meilleurs, de poser des questions et de bénéficier des conseils de mentors expérimentés.

Développement de Réseaux : Les programmes de développement professionnel offrent souvent l'occasion de rencontrer d'autres traders partageant les mêmes idées et de développer des relations avec des professionnels de l'industrie. Ces réseaux peuvent être précieux pour échanger des idées, trouver des partenaires commerciaux potentiels et rester connecté à la communauté de trading plus large.

Amélioration de la Discipline et de la Cohérence : Suivre un programme de développement professionnel exige de l'engagement, de la discipline et de la cohérence. En investissant du temps et des efforts dans votre formation, vous renforcez ces qualités essentielles pour réussir en trading. Vous apprenez également à suivre un plan structuré et à maintenir une approche méthodique dans votre trading.

Accélération de la Courbe d'Apprentissage : Les programmes de développement professionnel sont conçus pour fournir un contenu éducatif ciblé et organisé, ce qui peut vous aider à progresser plus rapidement dans votre apprentissage du trading. Plutôt que d'essayer de naviguer seul à travers une mer d'informations dispersées, vous bénéficiez d'un cadre structuré et guidé pour développer vos compétences.

Investissement dans Votre Avenir : En fin de compte, investir dans des programmes de développement professionnel est un investissement dans votre propre avenir en tant que trader. Les connaissances et les compétences que vous acquérez grâce à ces programmes peuvent avoir un impact durable sur vos performances commerciales et votre réussite à long terme.

Choisir les bons programmes de développement professionnel est crucial. Recherchez des programmes réputés, animés par des experts crédibles et offrant un contenu pertinent pour vos objectifs commerciaux spécifiques. En investissant dans votre développement professionnel, vous prenez des mesures concrètes pour améliorer vos compétences en trading et atteindre vos objectifs financiers.

Conclusion

Dans cette conclusion, je souhaite vous offrir un récapitulatif des points clés abordés dans ce livre, ainsi que des encouragements et des conseils pour vous accompagner dans votre parcours de trading. Enfin, je voudrais exprimer ma gratitude envers vous, chers lecteurs, et partager quelques perspectives pour l'avenir.

Au fil de ces pages, nous avons exploré en profondeur les fondements du trading basé sur l'action des prix. Nous avons couvert divers sujets, de l'analyse technique à la psychologie du trading, en passant par les techniques avancées de trading et l'automatisation des stratégies. Vous avez appris à interpréter les mouvements des prix, à gérer vos émotions, à identifier des opportunités de trading et bien plus encore.

En tant que passionné de trading, je vous encourage à poursuivre votre quête de connaissances et d'expérience. Restez curieux, développez une discipline de trading solide, apprenez à gérer vos émotions et soyez prêt à vous adapter aux changements du marché. N'hésitez pas à vous entourer de mentors et à rejoindre des communautés de trading pour partager vos idées et vos expériences.

Je tiens à vous remercier sincèrement d'avoir parcouru ce livre et d'avoir investi dans votre développement en tant que trader. Votre engagement et votre passion sont la clé de votre réussite future. Alors que vous continuez votre voyage dans le monde du trading, rappelez-vous toujours que chaque expérience est une occasion d'apprentissage et de croissance.

Pour l'avenir, je vous encourage à rester ambitieux, réaliste face aux risques, déterminé et persévérant. Les marchés financiers sont vastes et pleins d'opportunités pour ceux qui sont prêts à les saisir. Continuez à explorer, à apprendre et à évoluer en tant que trader.

Merci encore pour votre confiance et votre engagement.

Je vous souhaite tout le succès possible dans votre parcours de trading.

Glossaire

Polyvalence du TBSAP : Capacité du trading basé sur l'action des prix à être appliqué à différents marchés financiers et à différents horizons temporels.

Psychologie du marché : Étude du comportement des acteurs du marché et de son impact sur les mouvements des prix.

Chandeliers japonais : Technique d'analyse graphique affichant les niveaux d'ouverture, de clôture, de plus haut et de plus bas pour chaque période de temps.

Faux signaux : Signaux de trading incorrects ou trompeurs générés par l'analyse des mouvements des prix.

Formation et pratique continue : Nécessité pour les traders d'acquérir des connaissances et de développer des compétences à travers l'étude et la mise en pratique régulière du trading basé sur l'action des prix.

Tendance haussière/baissière : Direction générale des prix sur un graphique, indiquant une augmentation (haussière) ou une diminution (baissière) des prix dans le temps.

Marteau : Un schéma de chandelier japonais qui indique un potentiel de retournement haussier après une période de baisse. Il se caractérise par une petite mèche inférieure et un corps près des plus hauts.

Niveaux de support et de résistance : Niveaux sur un graphique où les prix ont historiquement rebondi ou stagné, souvent considérés comme des zones d'opportunité de trading.

Étoile du soir : Un schéma de chandelier japonais formé par un grand chandelier haussier suivi d'un petit chandelier baissier, indiquant un potentiel de retournement à la baisse.

Retracements de Fibonacci : Des niveaux de support et de résistance potentiels basés sur la suite de Fibonacci, souvent utilisés par les traders pour identifier des points d'entrée et de sortie sur les marchés financiers.

Points pivots : Des niveaux de support et de résistance calculés à partir des prix précédents, utilisés par les traders pour anticiper les mouvements de prix futurs et définir des objectifs de profit et de perte.

Cassure : Un mouvement des prix qui dépasse un niveau de support ou de résistance clé, indiquant un changement potentiel dans la direction du marché.

Stop-loss : Un ordre de trading conçu pour limiter les pertes en fermant automatiquement une position lorsque le prix atteint un niveau prédéterminé. Objectif de profit : Un niveau de prix prédéfini où un trader prévoit de prendre des bénéfices en fermant une position gagnante.

Oscillateurs : Des indicateurs techniques utilisés pour identifier les conditions de surachat ou de survente sur un marché financier, fournissant des signaux de retournement potentiels.

Retournement de tendance : Un retournement de tendance se produit lorsque la direction des prix change, passant d'une tendance haussière à une tendance baissière, ou vice versa. Les traders cherchent à identifier ces retournements pour profiter des nouveaux mouvements de prix.

Divergence : La divergence se produit lorsqu'il y a un écart entre les mouvements des prix et les indicateurs techniques, comme le RSI ou le MACD. Cela peut signaler un affaiblissement de la tendance actuelle et une possible inversion imminente de celle-ci.

Modèles de chandeliers : Les modèles de chandeliers sont des configurations spécifiques de bougies sur un graphique de prix qui fournissent des indications sur les mouvements futurs des prix. Par exemple, une étoile filante ou un marteau inversé peuvent signaler un retournement potentiel de tendance.

Niveaux de Fibonacci : Les niveaux de retracement de Fibonacci sont des zones sur un graphique de prix qui sont calculées en utilisant les ratios de Fibonacci. Ces niveaux sont souvent utilisés par les traders pour identifier les zones de support et de résistance et anticiper les retournements de tendance.

Confirmation des signaux : La confirmation des signaux de retournement de tendance est essentielle pour valider les prévisions des traders. Cela peut impliquer l'utilisation d'indicateurs techniques supplémentaires ou la confirmation par d'autres éléments du marché.

Continuation de tendance : La continuation de tendance se produit lorsque la direction actuelle des prix persiste. Les traders cherchent à identifier ces opportunités pour entrer dans des positions qui suivent la tendance dominante.

Moyennes mobiles : Les moyennes mobiles sont des outils d'analyse technique qui lissent les données de prix pour identifier la direction générale d'une tendance. Elles sont souvent utilisées pour confirmer la tendance actuelle.

Indicateurs de momentum : Les indicateurs de momentum, comme le RSI ou le MACD, mesurent la force d'une tendance en cours. Des lectures élevées indiquent une tendance forte qui pourrait se poursuivre.

Volatilité : La volatilité mesure la variation des prix d'un actif financier sur une période donnée. Une volatilité élevée indique des fluctuations de prix importantes, tandis qu'une volatilité faible indique des fluctuations plus modestes.

Stop-loss glissant : Un stop-loss glissant est un type d'ordre stop-loss qui suit automatiquement le mouvement des prix

Notes personnelles :

Site, ressources, idées etc.....